跨境贸易海关审价实务系列丛书

A PRACTICAL GUIDE TO CROSS-BORDER BULK
COMMODITY TRADING AND CUSTOMS VALUATION

跨境大宗商品交易与海关审价实务指南

杜连莹◎编著

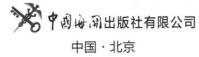

中国海关出版社有限公司

中国·北京

图书在版编目（CIP）数据

跨境大宗商品交易与海关审价实务指南 / 杜连莹编著 . — 北京：中国海关出版社有限公司，2024.4
ISBN 978-7-5175-0781-9

Ⅰ . ①跨… Ⅱ . ①杜… Ⅲ . ①国际贸易—海关估值—审价—中国—指南 Ⅳ . ① F752.52-62

中国国家版本馆 CIP 数据核字（2024）第 078948 号

跨境大宗商品交易与海关审价实务指南
KUAJING DAZONG SHANGPIN JIAOYI YU HAIGUAN SHENJIA SHIWU ZHINAN

作　　者：杜连莹	
策划编辑：熊　芬	
责任编辑：熊　芬	
责任印制：孙　倩	
出版发行：中国海关出版社有限公司	
社　　址：北京市朝阳区东四环南路甲 1 号	邮政编码：100023
编 辑 部：01065194242-7528（电话）	
发 行 部：01065194221/4238/4246/5127（电话）	
社办书店：01065195616（电话）	
https://weidian.com/? userid=319526934（网址）	
印　　刷：北京金康利印刷有限公司	经　　销：新华书店
开　　本：889mm×1194mm　1/16	
印　　张：11	字　　数：303 千字
版　　次：2024 年 4 月第 1 版	
印　　次：2024 年 4 月第 1 次印刷	
书　　号：ISBN 978-7-5175-0781-9	
定　　价：88.00 元	

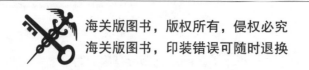

参编人员

序
FOREWORD

　　国际大宗商品贸易在全球经济中发挥着重要作用。随着经济全球化的深入发展，国际大宗商品贸易正成为全球市场中越来越热门的领域之一。中国作为全球第二大经济体，在国际大宗商品贸易中扮演着举足轻重的角色，其进出口交易模式、定价机制与海关审价政策、审价方法对于国内外企业以及全球贸易体系具有重要影响。在国际大宗商品贸易中，价格申报不全、价格瞒骗等案件时有发生，而科学合理的海关审价方法在直接促进和提升进出口企业的生产、经营和盈利能力的同时，对我国的税收安全起到强有力的保障作用。

　　海关审价模式的制定和执行需要考虑多方面因素。首先，海关应关注国际市场价格的波动情况。通过掌握国际市场价格变动情况，海关可合理判断进口商品的真实价值。其次，海关还需考虑宏观经济形势和国内市场需求。不同时期和地区的宏观经济形势对进口商品价格具有重要影响，因此，海关需科学灵活地调整审价方法以适应不同情况，对于一些关键性大宗商品，还应加强对国际期现货市场行情、期权定价及基差制定过程、外汇汇率、融资利率成本等方面的有效跟踪掌控。

海关总署关税一级专家　　　海关总署稽查一级专家

海口海关关长　　　　　　海关总署企业管理和稽查司副司长

前 言
PREFACE

　　大宗商品是经济活动重要的基础商品，主要包括基础能源产品、基础工业原材料、基础农产品和贵金属。大宗商品价格是国际经济的晴雨表。在国际大宗商品领域，围绕着国家利益和资本利益的竞争，主要体现在对资源掌控和对定价权的主导上。影响大宗商品价格的因素很多，主要有供需关系、汇率及主要经济体的货币政策、大宗商品期货价格及价格主导方的竞争、航运价格、大宗商品生产成本等；有时是单个因素，有时是多种因素，因此，对大宗商品生产者、经营者和消费者来说，面临着巨大的市场价格风险。

　　由于大宗商品贸易面临频繁和较大的价格风险，因此，企业、经济组织和海关在大宗商品定价上都在寻找规避和减少价格风险的方式。笔者以我国对外进口依赖程度高且具有国际代表性的大宗商品铁矿石、大豆、原油定价模式——公式定价为例展开分析。公式定价是买卖双方未以具体明确的数值约定货物价格，而是以约定的定价公式来确定货物结算价格的定价方式。该方式的一个显著特点是签订贸易合同时没有确切的成交价格数值，而只有定价公式，公式中的一些计算项目所代表的是买卖双方共同认可的某一时间点的市场行情。

　　为适应国际贸易中存在的以定价公式约定货物价格的贸易实际，尊重国际大宗商品贸易惯例，本书阐述海关在审定这种较特殊定价方式进口货物的完税价格时，对涉及的大宗商品定价和远期、期货、期权等金融工具，涉及的商品、资金、汇率、利率、基差等影响大宗商品成本的构成因素，涉及的报价、交易、套保、结算和交割等业务环节，以进口货物结算价格尚未确定的公式定价条件，或者以进口申报时结算价格已根据定价公式确定的情况为切入点，在《WTO 估价协定》的框架下，依据《中华人民共和国海关审定进出口货物完税价格办法》（以下简称《审价办法》）相关规定，释义海关审定公式定价进口货物完税价格的有关规定和方法，并梳理出近年来针对大宗商品的海关审价经典案例，以实现更好地服务进出口企业，便利企业通关，确保国家税收安全的目的。

目 录
CONTENTS

第四章 大宗商品进口报验状态

第五章 大宗商品海关审价

第六章 大宗商品海关估价案例解析

CHAPTER 1

第一章

大宗商品行业概况

大宗商品的贸易额和价格变化会影响各国的贸易收支、外汇储备、通货膨胀、经济增长等重要经济指标，也会影响各国的经济政策和外交关系。大宗商品是国际贸易中重要的组成部分，也是国家经济发展中重要的支撑因素。

大宗商品是指可进入流通领域，但非零售环节，具有商品属性并用于工农业生产与消费使用的大批量买卖的物质商品。在金融投资市场，大宗商品指同质化、可交易、被广泛作为工业基础原材料的商品，如原油、有色金属、钢铁、农产品、铁矿石、煤炭等。大宗商品主要包括 3 个类别，即主粮产品、工业金属和能源化工产品。

主粮产品包括大米、小麦、玉米、甘薯、马铃薯、大豆、种子，其中我国大豆进口额最高。前瞻数据库于 2021 年 3 月 10 日发布的《2020 年全年中国大豆行业产量及进口贸易情况　累计进口量首次突破 1 亿吨》显示，2020 年我国大豆进口额达 395.28 亿美元。

工业金属主要对应我国工业行业分类标准中的黑色金属矿采选业、有色金属矿采选业、黑色金属冶炼及延压业、有色金属冶炼及延压业 4 个行业。2020 年，该领域"敏感依赖产品"主要为铁矿石、镍铁、铜、不锈钢和铬矿石等。"界面新闻"于 2021 年 1 月 14 日发表的《中国 2020 年进口铁矿石 11.7 亿吨，创历史新高》显示，2020 年我国进口铁矿石 11.7 亿吨，比 2019 年增加 9674.6 万吨，增幅达 9.5%，对外依存度最高。

能源化工产品主要对应我国工业行业分类标准中的煤炭采选业、石油和天然气开采业、石油加工及炼焦业、橡胶制品业，其中原油进口额最高。商务部于 2021 年 5 月 21 日发布的《2020 年国内石油流通行业发展报告》显示，2020 年我国原油进口 5.42 亿吨，同比增长 7.2%，对外依存度达 73.5%；进口金额 1763 亿美元，同比下降 27.3%。

目前我国是全球最大的大宗商品贸易国，同时也是全球最大的铁矿石、精炼铜、大豆、铝土矿进口国和第二大原油进口国。鉴于此，本章将重点对大豆、原油、天然气、焦煤和铁矿石 5 类主要进口大宗商品开展分析。

第一节
大　豆

大豆是世界重要的粮油兼用型作物，既是我国主要作物之一，也是我国进口量最大的农产品，是关系国计民生的重要基础性和战略性物资。我国是世界大豆主要消费国，大豆消费量逐年上升，国内大豆产能一直难以满足国内市场需求。国内市场需求依赖进口，主要从巴西和美国进口大豆。

2021年，我国大豆总进口量高达9647万吨，金额535.25亿美元。其中，从巴西进口大豆5885万吨，占我国大豆进口总量的61%；从美国进口2990万吨，占比为31%。2013—2021年我国大豆产量、进口量见图1-1。

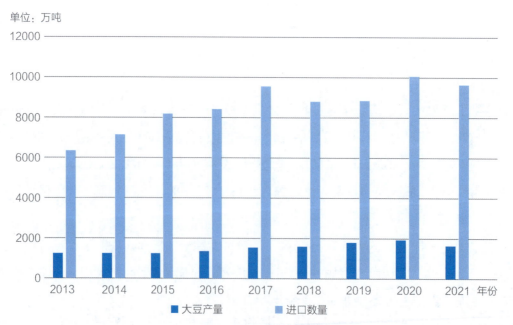

图 1-1　2013—2021年我国大豆产量、进口量

（数据来源：国家统计局）

智研咨询于 2023 年 4 月 10 日发布的《2022 中国大豆行业市场发展情况一览：产量达 2028 万吨》显示，随着经济发展，我国对大豆的需求量保持高位，每年需大量进口。2021 年，我国大豆需求量达 11125.69 万吨，较 2020 年减少 859.26 万吨，同比减少 7.17%；2022 年，我国大豆需求量达 11529 万吨，较 2021 年增加 403.31 万吨，同比增加 3.63%。未来，随着相关行业的发展，我国大豆的需求量将保持一定的增长。

从大豆产量来看，近年来，我国大豆产量总体保持增长发展趋势。具体来看，2020 年我国大豆产量达 1960 万吨，比 2019 年增加约 151 万吨，比 2018 年增加约 363 万吨；2021 年受疫情与自然灾害影响，产量下降。2013—2021 年我国大豆产量变化图见图 1-2。

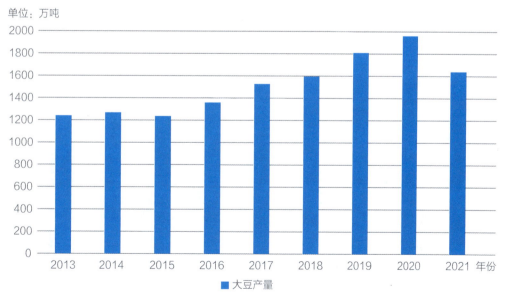

图 1-2 2013—2021 年我国大豆产量变化图

（数据来源：国家统计局）

国家统计局数据显示，2013—2021 年，我国大豆进口量总体保持增长，见图 1-3。其中，2020 年，我国大豆进口量达 10031 万吨，突破亿吨大关，同比增长 13.3%；2013—2020 年，我国大豆进口量增长 3693 万吨，年均复合增长率达 6.78%。2021 年，我国大豆进口量为 9647 万吨，同比下降 3.83%。

图 1-3　2013—2021 年我国大豆进口量及增长情况

（数据来源：国家统计局）

从金额方面来看，2013—2021 年，我国大豆进口金额呈波动上升趋势，见图 1-4。其中，2014—2016 年，我国大豆进口金额下降，下降 15.64%。2017 年，我国大豆进口金额回升；2021 年，我国大豆进口金额为 53525.37 百万美元，同比增长 35.4%。

图 1-4　2013—2021 年我国大豆进口金额及增长情况

（数据来源：国家统计局）

第二节
原　油

原油作为全球最重要的商品品种之一，其价格集合了政治、金融、商品等多方面属性。经过多年现货和期货市场的发展，原油形成了其自身特有的价格体系模式，其供需与贸易遍及全球，与各国的生产生活息息相关。

我国是一个原油资源匮乏的国家，无法靠国内的原油产量满足日益增长的消费需求。因此，我国原油的供需格局呈现高需求、低供给、高进口依存度的不平衡特征。2013—2019 年我国原油表观消费量[①]统计见图 1-5。

单位：万吨

图 1-5　2013—2019 年我国原油表观消费量统计

（数据来源：国家统计局、海关总署，由智研咨询整理）

[①] 表观消费量是指当年产量加上净进口量（当年进口量减出口量）。

我国原油需求增速呈现周期性。2020 年，我国原油消费量达 7.36 亿吨，仍然是世界第二大原油消费国。2000—2020 年，我国原油表观消费量年均增速约 6.11%。其中，2000—2010 年，原油消费量高速增长；而在 2011—2014 年，受国际原油价格持续上升影响，我国原油消费增速一度放缓，但在 2014 年年底至 2015 年年初国际油价大幅下降后，2015—2019 年我国原油消费量增速再次提升；2020 年受疫情影响，增速放缓。

我国原油产量较高，但呈现出减少的趋势。2017 年，我国原油产量在世界排名第 5位，产量较大，但由于油田贫瘠，勘探、开采难度加大，受新增探明储量下降等影响，我国原油产量在近年呈下滑趋势。2010 年，我国原油产量突破 2 亿吨，随后维持平均约 1.1% 的低增速。在 2016 年、2017 年、2018 年原油产量连续下跌三年之后有小幅度回升。2013—2021 年我国原油产量及增长率见图 1-6。

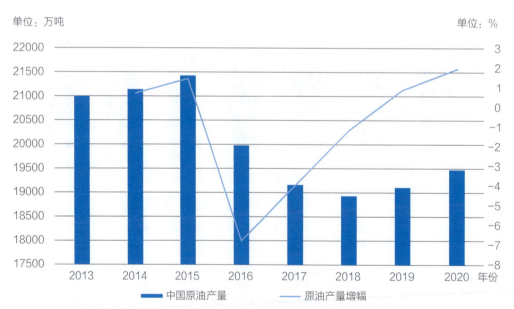

图 1-6 2013—2021 我国原油产量及增长率

（数据来源：国家统计局）

由于近年来我国原油产量持续低于原油消费量，消费缺口不断扩大，只能通过进口弥补缺口；我国原油进口量增速多年来维持高位，进口依存度已达到70%以上。2018年至2023年8月我国原油产量见图1-7。2018—2022年我国原油消费量见图1-8。2013—2020年我国原油进口依存度见图1-9。

单位：亿吨   单位：%

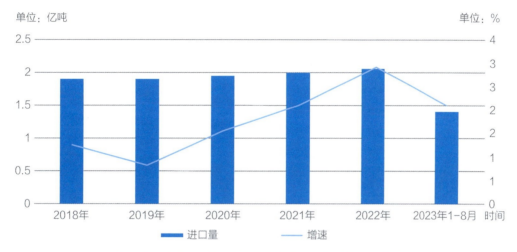

图 1-7 2018 年至 2023 年 8 月我国原油产量

（数据来源：中国石油和化学工业联合会，由智研咨询整理）

单位：亿吨   单位：%

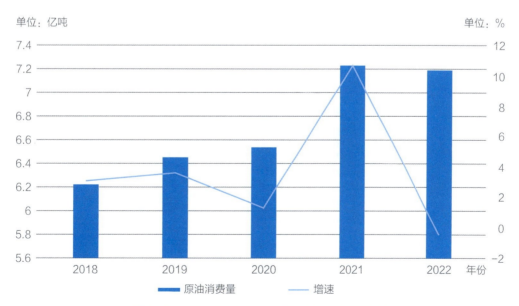

图 1-8 2018—2022 年我国原油消费量

（数据来源：中国石油和化学工业联合会，由智研咨询整理）

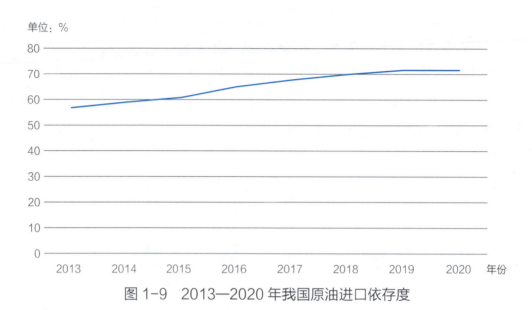

图 1-9　2013—2020 年我国原油进口依存度

（数据来源：国家统计局）

从进口来源看，亚洲和欧洲国家向我国出口原油最多。其中，沙特阿拉伯与俄罗斯
2020 年、2021 年连续两年成为我国进口主要来源国，并逐步拉大与伊拉克等的体
量差距。2021 年我国原油进口来源构成见图 1-10。

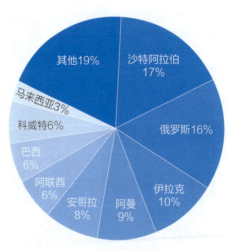

图 1-10　2021 年我国原油进口来源构成

（数据来源：国家统计局）

第三节
天然气

天然气是存在于地下岩石储集层中以烃为主体的混合气体的统称。它的主要用途是燃料，属不可再生清洁能源。由于天然气几乎不含硫、粉尘或其他有害物质，它在燃烧时所产生的二氧化碳也远少于其他化石燃料，具有清洁环保、节能高效、储量丰富等诸多优点。天然气与煤炭、石油共同组成世界能源三大支柱，且其重要性在低碳环保经济背景下进一步凸显。2017—2021 年，我国天然气消费量稳步快速增长（见图 1-11），2021 年达 3726 亿立方米，较 2017 年增长 57% 以上，远远超过同期世界天然气消费量 11% 的增长率。这一方面反映出我国国民经济发展较快；另一方面也表明我国对天然气能源的依存度逐渐加深，需要国内产量与贸易进口量的同步提升来满足国内日益增长的天然气消费需求。

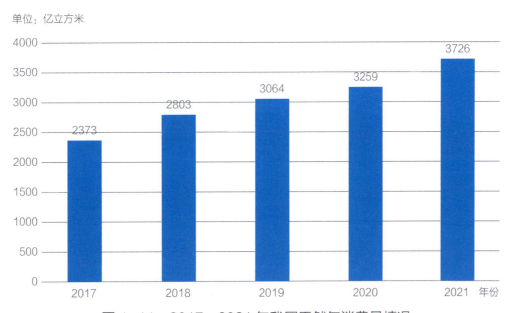

单位：亿立方米

图 1-11 2017—2021 年我国天然气消费量情况

（数据来源：万庚数科）

2017—2021 年，我国天然气产量及进口量双双保持增长态势，见图 1-12。大然气产量从 2017 年的 1480 亿立方米增长至 2021 年的 2076 亿立方米，增长率超 40%；天然气进口量从 2017 年的 946 亿立方米增长至 2021 年的 1675 亿立方米，增长率超 77%。这一方面印证了我国的天然气消费量在持续攀升；另一方面也表明我国的天然气资源愈发依赖进口，不利于保证国内能源供应安全。

单位：亿立方米

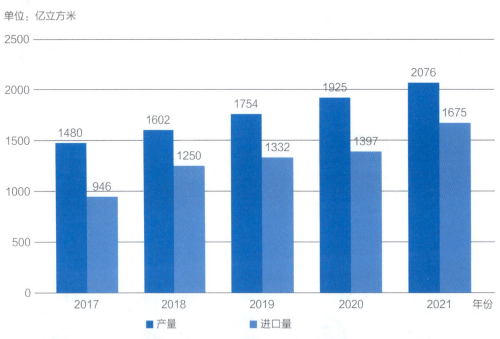

图 1-12　2017—2021 年我国天然气产量及进口量情况

（数据来源：万庚数科）

2017—2021 年，我国天然气进口方式呈现出较明显的管道运输进口占比下降、液化天然气（LNG）进口占比上升趋势，见图 1-13。其中，2017—2020 年间两者占比变化较大，从 12% 的占比差快速扩大至 32%；2020—2021 年间两者占比变化趋于平稳，占比差仅缩小了 2%，这表明我国的管道运输进口与 LNG 进口占比暂时处于适合国内消费需求的水准。预计未来短期内我国天然气贸易仍将保持管道天然气进口占比三分之一、LNG 进口占比三分之二左右的形势。

单位：%

图 1-13 2017—2021 年我国天然气进口方式占比

（数据来源：万庚数科）

2021 年，我国 LNG 的进口来源主要为澳大利亚（占比 39.3%）、美国（占比 11.6%）、卡塔尔（占比 11.4%）、马来西亚（占比 10.4%）、印度尼西亚（占比 6.5%）、俄罗斯（占比 5.8%）和其他（占比 15.0%），见图 1-14。

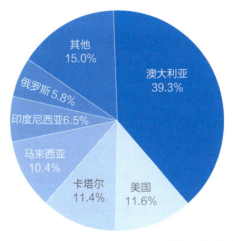

图 1-14 2021 年我国 LNG 进口来源占比

（数据来源：万庚数科）

第四节
焦 煤

煤炭是基础性能源，是其他能源无法替代的。2022 年，全球煤炭产量同比增长 5.4%，达 83.18 亿吨。2022 年，我国进口煤炭 2.93 亿吨；我国煤炭消费量 88.41 亿焦（EJ），同比增长 1.0%，占全球总消费量的 54.8%。这充分表明，我国对煤炭的依存度是无法用其他能源来替代的。

炼焦煤是钢铁冶炼中最基础和最主要的原料，炼焦煤用于炼焦从而生产焦炭，炼焦煤的品质往往决定焦炭的品质。我国炼焦煤的储量低，优质资源稀缺，2022 年探明储量仅有 2758 亿吨，占全国煤炭资源的 27%。去除高灰、高硫以及难洗选、不能用于炼焦的部分，优质的焦煤和肥煤的资源稀缺，占探明煤炭资源储量的比率分别不足 6% 和 3%。

依据《期货日报》于 2022 年 12 月 5 日发布的《我国炼焦煤进口贸易的可行性分析》，从进口总量来看，我国炼焦煤进口依存度不高，炼焦煤的进口依存度为 10%～14%。不过只看总量容易忽视结构性问题，我国进口的炼焦煤主要是主焦煤和肥煤，如果单独计算主焦煤和肥煤进口依存度的话，数值将提高到 30%，并且主焦煤和肥煤作为炼焦时的配煤比率分别为 31%～35% 和 14%～18%，两者合计占炼焦时配煤总量的 50% 左右，所以我国对优质主焦煤和肥煤有较强的进口需求。2009—2021 年我国炼焦煤产量及进口量占比见图 1-15。

单位：亿吨

单位：%

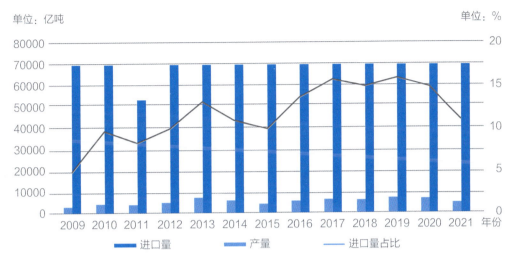

图 1-15　2009—2021 年我国炼焦煤产量及进口量占比

（数据来源：万庚数科）

依据《期货日报》于 2022 年 12 月 5 日发布的《我国炼焦煤进口贸易的可行性分析》，2021 年，我国对主焦煤和肥煤的依存度低至 24%，见图 1-16。

单位：%

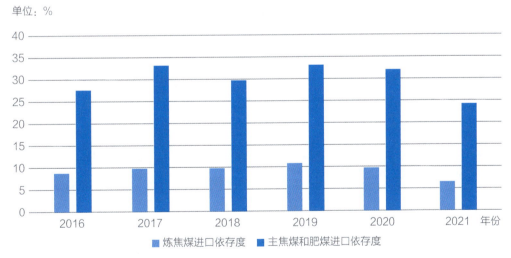

图 1-16　2016—2021 年我国煤炭进口依存度

第五节
铁矿石

铁矿石是钢铁行业的重要生产原材料，它广泛分布于世界各地，拥有较为丰富的探明储量。铁矿石的质量好坏主要取决于两个方面：一是铁矿石品位，即铁矿石中铁元素的质量分数，通常品位低于 50% 的铁矿石要先经过选矿后才能进行冶炼；二是铁矿石中有害杂质如硫、磷、砷、钾、钠等的多少，有害杂质越多，对冶炼出的钢铁产品质量影响越大。我国铁矿石储量虽比较丰富，但由于分布不均、开采难度大、铁矿石品位普遍较低，因此国内消费的铁矿石大部分来自海外进口。

据海关总署数据，2022 年，我国进口铁矿石 11.07 亿吨，同比减少 1.5%；进口均价每吨 767.8 元，同比下跌 26.8%；进口额为 1280.97 亿美元，同比下降 29.73%。2016 年至 2021 年 11 月我国铁矿石及其精矿进口量、进口金额以及各自增长情况分别见图 1-17 和图 1-18。

依据新浪财经转发的兰格钢铁网于 2023 年 2 月 7 日发布的《2022 年铁矿石进口情况分析》，2022 年，我国进口铁矿石总量为 11.07 亿吨，比 2021 年减少 1788 万吨，同比下降 1.59%；总进口金额为 1280.97 亿美元，比 2021 年减少 541.97 亿美元，同比下降 29.73%；平均进口单价为 115.73 美元 / 吨，比 2021 年减少 46.45 美元 / 吨，同比下降 28.64%。平均进口单价的大幅下降，一方面是由于铁矿石价格的下跌，另一方面是由于绝对价格之外的溢价下跌，2022 年因为国内钢铁企业的利润下滑，钢厂对于中低品位铁矿石需求增加，这对于高品位铁矿石价格就形成了明显压制，进而导致单品溢价以及高低品位价差出现明显下降，铁矿石普氏价格指数 65% 和 62% 价差从 55 美元下跌到了 10 美元。

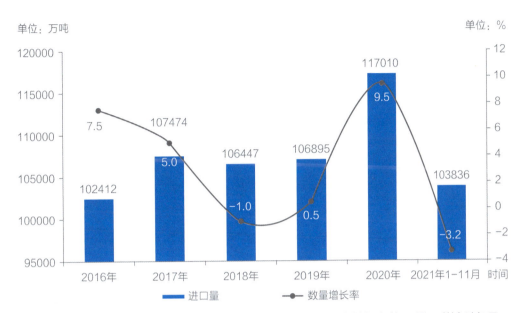

图 1-17 2016 年至 2021 年 11 月我国铁矿石及其精矿进口量及增长情况

（数据来源：中商产业研究院）

图 1-18 2016 年至 2021 年 11 月我国铁矿石及其精矿进口金额及增长情况

（数据来源：中商产业研究院）

从我国进口国别情况来看，2022 年主流国家中澳大利亚增加 5.1%、巴西减少 4.3%，其余非主流国家中秘鲁、俄罗斯、哈萨克斯坦有小幅增加，其余国家均有不同程度的下滑。澳大利亚的增量主要来自下半年海外分流国内所致，巴西的减量主要是因为巴西淡水河谷公司（Vale）的产能恢复受阻，2022 年 Vale 只完成了年度产量目标值的下沿，而且第一季度的极端天气也对巴西国内铁矿石生产有一定影响。非主流国家中，印度、乌克兰、蒙古国减量最为明显，印度在 2022 年 5 月宣布提高铁矿石出口关税后，铁矿石出口基本停滞，乌克兰从 10 月份开始便处于零出口量状态，从而使得 2022 年乌克兰退出了前十大非主流国家的行列，蒙古国因为疫情以及运输问题，铁矿石出口量也出现了明显下降。

CHAPTER 2

第二章

公式定价

第一节
公式定价概述

公式定价 ──── 在向中华人民共和国境内销售货物所签订的合同中，买卖双方未以具体明确的数值约定货物价格，而是以约定的定价公式确定货物结算价格的定价方式。

公式定价的一个显著特点就是，签订贸易合同时没有确切的成交价格数值，而只有价格公式，公式中的一些计算项目所代表的是买卖双方共同认可的某一时间点的市场行情。

公式定价是对市场的预见性、贸易灵活性和价格波动性的综合体现。

随着国际贸易的发展和演变，现在许多大宗货物的长期贸易合同均采用公式定价的方法。

第二节
公式定价货物申报

一、申报情形

| 若进口／内销／完整申报时，结算价格已确定 | 企业无须进行公式定价合同备案，可同一般进口货物，以结算价格申报，缴税后放行。 |
| 若进口／内销／完整申报时，结算价格未确定 | 企业需进行公式定价合同备案和进口申报。 |

二、申报流程

（一）公式定价合同备案

纳税义务人应当在公式定价合同项下首批货物进口或者内销前，向首批货物申报地海关或企业备案地海关提交"公式定价合同海关备案表"，海关自收齐"公式定价合同海关备案表"及相关材料起3个工作日内完成备案确认。

纳税义务人申请备案所提供的材料包括：
1. 进口货物合同、协议（包括长期合同、总合同等）；
2. 定价公式的作价基础、计价期、结算期、折扣、成分含量、数量等影响价格的要素，以及进境关别、申报海关、批次和数量安排等情况说明；
3. 相关说明及其他有关资料。

海关审核企业提交的"公式定价合同海关备案表"及相关材料，审核无误后完成备案确认，系统生成公式定价备案号，企业据此编号报关。

公式定价合同海关备案表（样本）

备案海关：　　　　　　　　　　　　备案号：

商品名称		商品编码		原产地	
规格型号		申报海关		进境关别	
合同协议号		签约日期		监管方式	
合同协议数量		数量单位		成交方式	
进口企业名称		企业编码		统一社会信用代码	
企业联系人		联系人手机		合同执行期	
合同买方			是否存在特殊关系		
合同卖方					
定价方式	A 定价公式 /B 成分含量 C 数量 D 其他		定价公式		
定价方式说明					
作价基础		计价期		结算期	
贴水（+/-）		贴水币制		贴水计量单位	
佣金			折扣		%
其他费用					
附件					
兹申明对本备案表各项填报内容及随附材料的真实性和完整性承担法律责任。 申报人：					
备案地海关 意见					

（二）担保放行

公式定价货物进口时价格不能确定，以暂定价格申报的，纳税义务人应当向海关办理税款担保。

全额担保（报关单征免方式为保证金／保函）和差额担保（报关单征免方式为照章征税），企业可酌情选择。

海关审核确认后，在全额担保模式下，企业需提供税款保证金或关联相应保函进行额度核扣；在差额担保模式下，企业需缴纳税款，并提供差额保证金或关联相应保函进行额度核扣。担保完成后，即可办理货物放行。

（三）价格结算

纳税义务人应当在公式定价货物结算价格确定之日起 30 日内向海关提供确定结算价格的相关材料，办理报关单修改手续。

第三节
行业商品定价政策

一、现行大宗商品定价模式

> 这里主要介绍基差定价、指数定价和含权贸易价格确定等模式。

（一）基差定价模式

1. 基差概念

基差是指现货价格与期货价格之差（期货交易与现货交易的对比见表 2-1）。基差的计算公式如下：

$$基差 = 现货价格 - 期货价格$$

基差的经济学含义是指商品或资产的时间成本和空间位移成本。通俗地讲，基差一般包括商品的运输费用、储存费用、利息、保险费和损耗费。

2. 基差定价基本方式

基差定价是指在现货贸易中，交易双方以期货市场价格为基础，加上一定价差进行定价的方式。基差的定价公式如下：

$$现货价格 = 期货价格 + 基差$$

具体来说，交易双方在订立现货交易合同时不确定具体成交价格，而是约定在未来对合同标的物进行实物交收时，以交货期间期货价格为基础，加上事先达成的期现价差（即基差），作为货款结算价格。以美国出口大豆为例，在上述定价公式中，期货价格一般由买方在规定的时间内和规定的期货合约上自由点价；基差由卖方报出，并由买卖双方最终议定。升贴水是基差的表现形式。在美国出口大豆中的升贴水价格，一般是 CNF 升贴水价格，由离岸 FOB 升贴水 + 远洋运费构成。

在实行基差定价以前，在现货远期交易中，交易双方以一口价作为买卖双方的交易价格。这种交易定价方式虽然简单明确，但买卖双方从交易到交割阶段面临价格风险。作为买方，担心市场价格下跌，面临买高了的风险；作为卖方，担心市场价格上涨，面临卖低了的风险。基差定价可以为买卖双方在一定程度上控制这种风险。

经典的基差定价是在买卖合同订立同时，买卖双方会根据市场情况，选择时机，在期货市场对合同项下的商品进行套期保值。一般卖方会在买方期货市场点价当天，通过期货转现货交易，完成套期保值头寸的了结。

3. 期货套期保值原理及基差交易的实质

```
                    ┌─────────────────────────────┐
                    │ 某一特定商品的期货价格和现货价格   │
      ┌─────────────│ 受相同经济因素的影响和制约，其价   │
  期货套期            │ 格走势是一致的。                 │
  保值原理            └─────────────────────────────┘
      └─────────────┌─────────────────────────────┐
                    │ 期货合约进入交割期，期货价格与现货  │
                    │ 价格基本趋于一致或接近。           │
                    └─────────────────────────────┘
```

因此，套期保值者就可以通过期货市场做一个与现货市场方向相反、数量相等的交易，来达到保值功能。

在基差定价模式中，基差（通常说升贴水）和期货价格是决定基差交易中最终现货成交价格的两个关键因素。

表 2-1 期货交易与现货交易的对比

项目	期货交易	现货交易
交易对象	标准化合约	全部商品
交易目的	转移价格风险或者是进行投机获利	一定时期内进行实物交收和货款结算
交易方式	以公开、公平竞争的方式进行交易；一对一谈判交易（或称私下对冲）被视为违法	一对一谈判签订合同，具体内容由双方商定，签订合同；之后不能兑现，就要诉诸于法律
交易程序	现货买卖的程序反过来，即便是没有商品也能够先卖，不需要商品也是能买	卖方要有商品才能够卖出，买方要支付现金才能购买
保障制度	以保证金制度为保障，以保证到期兑现；发生穿仓时，即保证金不能足额支付，需要通过法律或仲裁的方式解决	合同不兑现即毁约时需要通过法律或仲裁的方式解决
交易场所	在交易所内依照法规进行公开、集中交易，不能进行场外交易	分散进行，由贸易公司、生产厂商、消费厂家分散进行交易；生鲜和个别农副产品以批发市场的形式来进行集中交易
结算方式	实行保证金制度，必须每日结算盈亏，实行逐日盯市制度	货到款清，一次或数次结清
交易单位	1 手，即是 10 吨	1 千克

4. 有影响力的国际主要期货交易所

（1）美国市场（以芝加哥和纽约为主）

- 芝加哥期货交易所（CBOT），以农产品和国债期货交易为主。
- 芝加哥商品交易所（CME），以畜产品、短期利率欧洲美元产品以及股指期货交易为主。
- 芝加哥期权交易所（CBOE），以指数期权和个股期权交易为主。
- 纽约商业交易所（NYMEX），以石油和贵金属期货交易为主。

（2）欧洲市场

- 欧洲期货交易所（EUREX），主要交易德国国债和欧元区股指期货。
- 泛欧交易所（EURONEXT），主要交易欧元区短期利率期货和股指期货等。
- 伦敦金属交易所（LME），主要交易基础金属。
- 国际石油交易所（IPE），主要交易布伦特原油等能源产品。

（3）亚太期货市场

- 东京工业品交易所，主要交易能源和贵金属期货。
- 东京谷物交易所，主要交易农产品期货。
- 东京证券交易所，主要交易国债期货和股指期货。
- 大阪证券交易所，主要交易日经 225 指数期货。
- 东京国际金融期货交易所，主要交易短期利率期货。
- 韩国证券交易所交易集团下 Kospi 200 指数期货与期权。
- 新加坡交易所集团下的期货市场。
- 印度证券交易所的股指期货和个股期货以及商品交易所上市的商品期货。
- 悉尼期货交易所交易股指和利率期货。
- 中国金融期货交易所交易金融期货与股指期货。
- 香港交易所交易集团下的恒生指数期货。
- 上海期货交易所，主要交易金属、能源、橡胶等工业品期货。
- 大连商品交易所，主要交易大豆、玉米等农产品期货。
- 郑州商品交易所，主要交易小麦、棉花、白糖等农产品期货。
- 台湾期货交易所上市的股指期货与期权。

（4）中南美及非洲期货市场	墨西哥证券交易所，主要交易利率和汇率期货。
	巴西证券交易所，主要交易各类金融和商品期货。
	南非约翰内斯堡证券交易所，主要交易当地金融期货品种。

（二）指数定价模式

指数定价，是指交易双方以一定时间的商品价格指数为依据，确定交易价格的一种定价方式。指数定价在大宗商品中以铁矿石价格指数定价最为典型。

（三）含权贸易与定价

1. 含权贸易概念

含权贸易，是将衍生品结合进现货贸易的一种新型贸易模式。含权贸易是在现货贸易中嵌入期权保价，由此转换成现货定价的方式，帮助企业管理价格风险。

2. 含权贸易的定价方式

现在比较常见的含权贸易定价操作方式为"基差点价＋期权保价"。具体操作上，用现货合同约定基差，并规定买方在期货市场点价，锁住价格风险；

再通过购买场内或场外期权，采取价格保护，争取部分套保之外的价格收益。期权保价常用的有库存保护、销售价格保护和采购价格保护。

3. 含权贸易追求的效果

含权贸易通过"基差点价 + 期权保价"，为卖出企业锁定最低销售价格和最低利润，在价格上涨时争取额外收益；为买入企业锁定最高采购价格，并获取进一步降低采购价格的收益；为中间商锁定固定收益。

二、大豆定价政策

（一）期货转单

期货转单（EFP）的目的是买卖双方确定最终付款价格。

期货转单的要素有合约、数量、价格、时间。其中，合约、数量和时间一般取决于现货采购合同中相应条款的约定，价格则取决于期货转单当天的行情波动。

（二）期货点价

期货点价的目的是确定一单货物的最终成本。

点价的要素有合约、价格、数量、时间。

转单后期货头寸留下净空单；根据行情判断低点买入相同合约相同数量多单，以对冲期货转单后空单，完成点价；期货点价和期货转单的合约，数量一一对应；价格和时间选择上完全取决于对行情方向的判断。

（三）进口成本计算

离岸价格（FOB）	=	CBOT期货价格	+	升贴水	×	0.36745
美元/吨		美分/蒲式耳		美分/蒲式耳		美分/蒲式耳到美元/吨的折算率

到岸价格（CNF）	=	离岸价格（FOB）	+	海运费
美元/吨		美元/吨		美元/吨（保险费另算）

大船舱底完税价	=	到岸价格（CIF）	×	1.13	×	1.03	×	美元兑人民币汇率
人民币元/吨		美元/吨 CNF价格+保险费		13%的增值税		3%的关税		

（四）压榨利润

压榨利润 = 产品产出 − 进口大豆成本 − 压榨费用

= 豆粕出厂价格 ×0.79 + 豆油出厂价格 ×0.19 − 进口大豆成本 − 120（压榨费、包装费、财务费）

其中：

进口大豆成本 = 进口大豆大船舱底完税价 + 100（港杂费 + 短倒费）

（五）最终成本

1. 按照标准期货转单业务流程的计算方法

最终成本 = EFP 成本 + 升贴水 + 点价后的期货账户亏损

　　　　 = EFP 成本 + 升贴水 − 点价后的期货账户盈利

　　　　 = EFP 成本 + 升贴水 +（点价价格 −EFP 价格）

2. 简单直接的计算方法

最终成本 = 点价价格 + 升贴水价格

三、原油定价政策

国际上，原油交易流程与大豆类似。随着石油输出国组织（OPEC）定价模式的瓦解，全球的原油贸易开始采用基于各种基准价格进行升贴水调整的公式计价法的定价方式。根据原油采购期限的不同，分原油贸易长约合同定价模式和现货市场定价模式。长约合同采用公式计价法，其选取某一基准价格加上升贴水的方式来定价，具体的公式为：

原油结算价格 = 基准价格 ± 升贴水

此外，也有部分国家公布的是利用公式计算得到的回溯性绝对价格。现货市场定价方面，多采用某一时间段的基准价格的均价来进行结算。

基准价格方面，目前全球各地区选择的原油基准价格有所不同，大多数地区选取原油期货作为基准价格，但是第三方评级机构的原油报价也是全球原油基准价格的重要来源。目前全球的基准价区，主要有 3 个，分别为西欧及非洲基于布伦特原油期货的定价体系、北美地区以美国西得克萨斯轻质原油期货为基准的定价体系、中东地区出口至亚太地区基于迪拜和阿曼的定价体系。

升贴水方面，升贴水主要由产油国或第三方评级机构来制定，主要根据原油的品质、运输费用、出口对象、买方的订单量等诸多因素来制定。升贴水的设置主要是用于修复不同原油和不同地域对于基准原油价格的价差，从而实现各地的原油价格都能在一个相对合理的价格范围内运行。

| 布伦特（Brent） | 西欧及非洲地区的原油定价以洲际交易所（ICE）的布伦特原油期货价格为主。2000年之后，各地销往欧洲的原油定价以布伦特原油期货的加权平均价格加上升贴水进行确定。除了期货价格之外，西欧及非洲地区的原油定价特别是短期交易定价也参照远期合约价格或者掉期价格。 |
| 西欧及非洲原油价区 | |

| 美国西得克萨斯轻质原油（WTI） | 北美地区绝大多数的原油进出口及现货价格基于美国西得克萨斯轻质原油期货价格加减升贴水来计算，因此美国西得克萨斯轻质原油期货价格是北美地区最重要的原油定价基准。 |
| 北美原油价区 | |

| 迪拜/阿曼 | 亚太地区的原油定价相对混乱，一直没有一个权威的基准价格，并且通常采用产地定价的模式。中东地区出口到亚太地区的原油价格以普氏（Platts）的迪拜/阿曼原油均价为基准。由于中东出口至北美和西欧的基准价格是销地报价，而中东销往亚太的报价是产地报价，因此中东销往亚太的报价往往比销往北美和西欧的同等原油的价格高，形成了亚洲溢价。 |
| 中东地区出口至亚太地区原油价区 | |

远期合约

远期合约是交易双方约定在未来的某一确定时间，以确定的价格买卖一定数量的某种金融资产的合约。合约规定交易的标的物、有效期和交割时执行的价格等内容，是一种保值工具，是必须履行的协议。

掉期

掉期是指在外汇市场上买进即期外汇的同时又卖出同种货币的远期外汇，或者卖出即期外汇的同时又买进同种货币的远期外汇，也就是说在同一笔交易中将一笔即期和一笔远期业务合在一起做，或者说在一笔业务中将借贷业务合在一起做。在掉期交易中，把即期汇率与远期汇率之差，即升水或贴水叫作掉期率。

四、天然气定价政策

（一）全球天然气定价与市场基本情况 [①]

2024 年 1 月底，国际能源署发布报告称，产能扩大和较低价格将推动 2024 年全球天然气消费恢复强劲增长。近期，全球主要天然气生产国不约而同开始在产能方面下功夫，力求在加速恢复的全球 LNG 市场分一杯羹。自 2023 年年底首条生产线投产，俄罗斯北极 LNG2 号项目将在 2024 年第一季度发出首批货物，与此同时，卡塔尔和澳大利亚也相继做出扩大 LNG 产能的决定。日前，多家研究机构纷纷发布报告指出，2024 年年内全球 LNG 需求将持续攀升，其中，亚洲将成为全球 LNG 需求增长最大引

---

① 贾平凡，李俊铭. 全球天然气供需两旺风险仍存（环球热点）[N]. 人民日报海外版，2024-03-20(08).

擎。专家分析认为，当前，全球天然气市场供需两旺，但受地缘政治、贸易保护主义和航运限制加剧等因素影响，市场风险依然较高。

1. 多个天然气生产国加快增产步伐

2024 年以来，全球主要天然气生产国加快增产步伐。

北极 LNG2 号项目是俄罗斯最大私营天然气生产商诺瓦泰克的第二个大型项目，按照设计拥有 3 条生产线，全部投产后总产能将达 1980 万吨 / 年，对于俄罗斯实现 LNG 产量提升的战略目标至关重要。俄罗斯此前曾设定目标，到 2030 年，将 LNG 全球市场份额从 8% 提高到 20%，北极 LNG2 号项目被视为实现此目标的关键。北极 LNG2 号项目也受到欧美国家的制裁。2023 年 11 月，美国禁止其盟友购买该项目所产 LNG。对此，北极油气开发项目专家本·塞利格曼表示："就建设而言，制裁没有起到任何作用。目前，北极 LNG2 号项目已经完成第一条生产线，第二条生产线设计方案也已成形。这也从侧面显示出全球天然气消费持续增长的预期。"

全球另一 LNG 生产巨头卡塔尔则于 2024 年 2 月底宣布，到 2030 年，将 LNG 生产能力较目前水平提升近 85%。卡塔尔能源事务国务大臣、卡塔尔能源公司总裁兼首席执行官萨阿德·卡比表示，增产计划将推动卡塔尔天然气行业再攀新高。

作为全球主要 LNG 供应国，卡塔尔目前产能约为 7700 万吨 / 年，此前计划到 2027 年将产能扩大到 1.26 亿吨 / 年。卡塔尔能源公司将在 2030 年前再增加 1600 万吨 / 年，使总产能达到 1.42 亿吨 / 年。

在加快产能扩张的道路上，澳大利亚也不甘落后，该国最大 LNG 出口商伍德赛德首席执行官梅格·奥尼尔日前表示："我们在亚洲市场看到 LNG 需求增长迹象，在某些时间节点会看到相当多的新供应，不过，需求会在未来几年内吸收这些供应。基于此，我们正在考虑加速推进产能扩张。"

当前，全球天然气市场主要分布在欧洲、北美与亚洲等地区，整体处于"供需两旺、价格被抑"的状态。欧洲市场主要面临结构调整问题，管道气占比快速下降，LNG 的需求量和进口量持续上升。受能源转型政策影响，欧洲市场的天然气需求量短期内呈上升趋势，但长期来看将会逐渐下降。北美市场目前基本处于饱和状态，因此需要与俄罗斯、澳大利亚、卡塔尔等地区争夺亚洲和欧洲市场。亚洲市场处在"供不应求"的状态，未来可能面临"满足不断上升的天然气需求"的压力。

2. 天然气市场的激烈竞争引起价格大幅波动

据路透社报道，英荷壳牌石油公司发布报告，预计全球 LNG 需求量将从 2023 年的 4.04 亿吨增至 2024 年的 6.25 亿~6.85 亿吨。

在供需两旺的背景下，全球 LNG 价格波动备受关注。据路透社报道，LNG 一度供应紧张制约了消费增长，也让价格和价格波动性高于历史平均水平。2023 年冬季，欧洲和北美天然气价格大幅下跌。据英国《金融时报》报道，伦敦洲际交易所数据显示，作为欧洲天然气基准价格的荷兰所有权转让中心（TTF）天然气期货价格下跌 2.5% 至每兆瓦时 30.15 欧元。根据欧洲新闻电视台网站报道，2024 年 2 月份英国天然气价格急剧下降，跌破每兆瓦时 25 欧元。美国是目前世界上最大的天然气出口国，天然气产量在近十年的飞速增长过后，价格却已接近历史最低点。在欧洲，俄罗斯天然气供应量下降，而美国和卡塔尔则迅速弥补了供应量的不足。出口国为了扩大市场份额，迅速扩大产能，但市场需求是有限的，天然气市场的激烈竞争引起价格大幅波动。据阿联酋《国民报》报道，东北亚主要市场的 LNG 价格已降至每百万英热单位 8.30 美元，为 2021 年 4 月以来的最低水平。

（二）全球范围内的三种天然气定价方式

1. 成本加成定价

天然气价格按生产经营企业的生产成本加合理利润确定。这种方法通常被拥有丰富天然气资源的国家在天然气发展初级阶段采用，便于政府监管，可以较好地维护消费者利益，但由于信息不对称，政府难以掌握企业真实、合理的成本，对生产者进行勘探开发投资和努力降低成本、提高效率缺乏有效的激励和约束，也容易低估天然气的市场价值，造成资源浪费，刺激天然气需求盲目增长，加剧供求矛盾。

2. 市场净回值定价

市场净回值定价是以天然气在终端市场的市场价值为基础，采取回推方式形成天然气供应链各环节价格的一种定价方法。天然气的销售价格与可替代能源价格（前提是可替代能源价格由市场竞争形成）挂钩，在此基础上倒扣输配费用回推天然气各供应环节的价格。采用市场净回值定价，可以避免成本加成定价法的弊端，至今仍是欧洲天然气工业链价格形成的基础，也是国际贸易中天然气价格谈判的基础。

3. 市场竞争形成价格

目前，美国、加拿大、英国等天然气资源丰富、市场发育成熟国家，除输配环节因具有典型的自然垄断特征被政府严格监管外，天然气井口和终端销售价格都由市场竞争形成。市场竞争形成价格的典型特点是气与气竞争，是天然气工业及市场长期发展的产物，它需要供应上的可靠性和多样化做保证，以及一个发育成熟的市场做基础。

五、铁矿石定价政策

目前，铁矿石指数定价方式成为市场普遍接受的基准。国际主流指数定价来源有 3 种，即普氏能源资讯（Platts）的普氏价格指数（Platts Iron Ore Index）、环球钢讯（SBB）的 TSI 指数（The Steel Index）和英国金属导报（Metal Bulletin）的 MBIO 指数（MB Iron Ore Index）。而我国自 2018 年开始使用铁矿石"混合指数定价"。

（一）普氏价格指数

由普氏能源资讯编制。普氏能源资讯是麦格劳一希尔集团的下属机构，其作为一家成立于 1909 年的能源、金属市场新闻、价格与数据提供商，其价格指数编制的方法被认为比其他机构成熟，长期积累的经验也使得其在国际大宗商品领域具有一定影响力。

1. 铁矿石普氏价格指数和定价

国际铁矿石年度长期协议定价机制瓦解后，铁矿石定价开始使用指数定价。3 种主流铁矿石指数中，目前使用比较多的是以普氏价格指数均价为依据的季度定价方式。

2008 年，普氏能源资讯推出铁矿石普氏价格指数，并开始在全球范围内推广。铁矿石普氏价格指数，是以含铁量为 62% 的标准品位铁矿石为基准估价，并将其作为其他品位铁矿石定价的指数。目前，铁矿石普氏价格指数包括对 62%、63.5%、63% 含铁量和高品位 65% 及低品位 58% 含铁量的统一价格评估，以及每天对铁矿石（60%~63.5% 含铁量）每 1% 含铁量差价的报告。普氏采集的价格为我国主要港口的铁矿石 CFR 现货价格（即铁矿石成本 + 运费），并将这些价格经过相关处理，标准化为至我国青岛港口固定品位的参考价格。

2. 普氏价格指数形成方式

普氏价格指数是将矿山经营者、贸易商、钢厂、货运商、金融机构等作为询价对象，每天普氏能源资讯的编辑人员都会与他们联系，询问当天的交易情况和对价格怎么看，最终选出被认为在当天最有竞争力的价格作为"评估价格"。一般会选择 30～40 家最为活跃的企业进行询价。根据这些询价预估市场可以（或可能）成交的价格，在每天 15:30 发布这些预估价格，16:00 开始跟踪市场实际成交价格，到 16:30 得出新估价。这个价格成为市场最后成交或者能成交的价格。这些采样的报价企业是否设置权数，每个企业权数设置多少，普氏能源资讯没有公开过。因此，国际上有一些公司对普氏价格指数的公平性是有质疑的。

3. 铁矿石季度指数定价方式

铁矿石季度指数定价方式，一般是以协议期前 4 个月中头 3 个月指数平均价，加减质量差价确定定价。以巴西淡水河谷矿业公司与客户签订的协议为例：它采用以协议期前 4 个月中头 3 个月的普氏价格指数均价为依据，铁矿石品位每提高 1%，价格就提升 1 倍的"含铁量 1% 差价平均值"。

例如：本年第二季度价格就以上年 12 月和本年 1 月、2 月共 3 个月的普氏价格指数均价为基准，假定这个均价基准为 178 美元 / 吨；一般巴西矿的主流品位在含铁量 66%，由于普氏价格指数的订立是以品位 62% 为标准的铁矿石到达青岛港的价格为依据，故巴西矿需要在 178 美元 / 吨的基础上累加 4 个基点的"含铁量 1% 差价平均值"上再提升 1 倍，合计到岸价格预计约为 200 美元 / 吨。具体计算：均价 178 美元 / 吨 62% 含铁量，则每 1% 含铁量价格为 2.87 美元；含铁量 66% 的铁矿石，则每 1% 含铁量提升 1 倍含铁量差价平均值，即 2.87 美元 × 4 个基点 =11.48 美元，在此基础上价格提升 1 倍为 11.48 美元 +11.48 美元 =22.96 美元；178 美元 +22.96 美元 =200.96 美元 / 吨。因此，本年第二季度铁矿石根据指数定价约为 200 美元 / 吨。其他矿业公司定价原则与巴西淡水河谷矿业公司近似。

（二）TSI 指数

TSI 指数则更加重视每天的实际成交价格，钢厂、矿山经营者和贸易商都是他们的询价对象，并且占比基本为三三制，他们每天将实际成交价格上传，TSI 的分析师通过整理计算和给予钢厂、矿山经营者和贸易商同样的权重，最终归纳成两种品位（62% 和 58%）的进口铁矿石到我国天津港的到岸价格。普氏价格指数定位于贸易结算工具，而 TSI 指数则专注于铁矿石金融衍生品市场，为后期铁矿石进一步金融化做好准备。

（三）MBIO 指数

MBIO 指数由英国金属导报发起，是以我国青岛港（CFR）62% 品位铁矿石为基准，将所有 56%～68% 品位铁矿石折合为 62% 品位，其低品位指数品种也有部分矿山作为参考标准。

（四）混合指数定价

我国自 2018 年开始使用铁矿石"混合指数定价"，对不采用混合指数定价的可以拒签合同。我国重申了铁矿石定价要采用混合指数定价的问题，并表示要"反对垄断""反对歧视"，而这些均指向了此前维系多年的铁矿石贸易定价规则。

自 2010 年开始，我国与国际矿山公司的铁矿石贸易定价主要参照普氏价格指数。普氏价格指数由普氏能源资讯于 2008 年推出后，包括澳大利亚力拓在内的国际矿山公司主要就是参照这一指数制定价格，因此，普氏价格指数也被认为是决定铁矿石价格的官方指数。不过，在过去接近 10 年的"普氏价格指数时代"，包括我国的钢厂以及中国钢铁工业协会在内的行业机构，反对的声音一直没有间断，背后的原因就是对这个单一指数定价的公平性的质疑。铁矿石贸易是大宗商品贸易，我国每年使用 600 亿美元以上的进口铁矿石，全球铁矿石海运量的 80% 在我国，所以我国的主张不容忽视。

所谓"混合指数定价"，即主张在铁矿石的定价上不能采用一种价格指数来作为参照标准，而是要综合参照多种价格指数。

向普氏提供价格信息的市场参与者可分为两类，即价格制定者（经资质审核，在市场上更具公信力的市场参与者，可向普氏提交询报盘）和价格追随者（只能针对现有的询报盘进行对敲交易，但不能在普氏数据计算的过程中提交询报盘）。而在现有的"价格制定者"名单里，中资企业占比 80% 以上，更细化而言，中国钢企的占比达到 50%。整体而言，在普氏采纳的价格信息中，来自中国市场的价格信息占比是一个逐步提高的过程。从三大矿山公司的角度来看，他们更愿意采用普氏价格指数，而不是我国的指数，但考虑到我国用户的强烈诉求，以及单一指数的公正性问题，最终将国内外指数进行混合。这样做的结果是买卖双方的利益可以兼顾，国际和我国的价格指数都能够得到重视。

第四节
商品现货市场交易特别规定

《商品现货市场交易特别规定（试行）》

（商务部、中国人民银行、中国证监会令
2013 年第 3 号公布，自 2014 年 1 月 1 日起施行）

第一章 总 则

第一条 为规范商品现货市场交易活动，维护市场秩序，防范市场风险，保护交易各方的合法权益，促进商品现货市场健康发展，加快推行现代流通方式，根据国家有关法律法规以及《国务院关于清理整顿各类交易场所切实防范金融风险的决定》（国发〔2011〕38号），制定本规定。

第二条 中华人民共和国境内的商品现货市场交易活动，应当遵守本规定。国家另有规定的，依照其规定。

第三条 本规定所称商品现货市场，是指依法设立的，由买卖双方进行公开的、经常性的或定期性的商品现货交易活动，具有信息、物流等配套服务功能的场所或互联网交易平台。

本规定所称商品现货市场经营者（以下简称市场经营者），是指依法设立商品现货市场，制定市场相关业务规则和规章制度，并为商品现货交易活动提供场所及相关配套服务的法人、其他经济组织和个人。

第四条 从事商品现货市场交易活动，应当遵循公开、公平、公正和诚实信用的原则。

第五条 商务部负责全国商品现货市场的规划、信息、统计等行业管理工作，促进商品现货市场健康发展。

中国人民银行依据职责负责商品现货市场交易涉及的金融监管以及非金融机构支付业务的监管工作。

第六条 商品现货市场行业协会应当制定行业规范和行业标准，加强行业自律，组织业务培训，建立高管诚信档案，受理投诉和调解纠纷等。

第二章 交易对象和交易方式

第七条 商品现货市场交易对象包括：

（一）实物商品；

（二）以实物商品为标的的仓单、可转让提单等提货凭证；

（三）省级人民政府依法规定的其他交易对象。

第八条 商品现货市场交易的实物商品，应当执行国家有关质量担保责任的法律法规，并符合现行有效的质量标准。

第九条 商品现货市场交易可以采用下列方式：

（一）协议交易；

（二）单向竞价交易；

（三）省级人民政府依法规定的其他交易方式。

本规定所称协议交易，是指买卖双方以实物商品交收为目的，采用协商等方式达成一致，约定立即交收或者在一定期限内交收的交易方式。

本规定所称单向竞价交易，是指一个买方（卖方）向市场提出申请，市场预先公告交易对象，多个卖方（买方）按照规定加价或者减价，在约定交易时间内达成一致并成交的交易方式。

第十条 市场经营者不得开展法律法规以及《国务院关于清理整顿各类交易场所切实防范金融风险的决定》禁止的交易活动，不得以集中交易方式进行标准化合约交易。

现货合同的转让、变更，应当按照法律法规的相关规定办理。

第三章　商品现货市场经营规范

第十一条　市场经营者应当履行下列职责：

（一）提供交易的场所、设施及相关服务；

（二）按照本规定确定的交易方式和交易对象，建立健全交易、交收、结算、仓储、信息发布、风险控制、市场管理等业务规则与各项规章制度；

（三）法律法规规定的其他职责。

第十二条　市场经营者应当公开业务规则和规章制度。制定、修改和变更业务规则和规章制度，应当在合理时间内提前公示。

第十三条　商品现货市场应当制定应急预案。出现异常情况时，应当及时采取有效措施，防止出现市场风险。

第十四条　市场经营者应当采取合同约束、系统控制、强化内部管理等措施，加强资金管理力度。

市场经营者不得以任何形式侵占或挪用交易者的资金。

第十五条　鼓励商品现货市场创新流通方式，降低交易成本；建设节能环保、绿色低碳市场。

第十六条　鼓励商品现货市场采用现代信息化技术，建立互联网交易平台，开展电子商务。

第十七条　市场经营者应当建立完善商品信息发布制度，公布交易商品的名称、数量、质量、规格、产地等相关信息，保证信息的真实、准确，不得发布虚假信息。

第十八条　采用现代信息化技术开展交易活动的，市场经营者应当实时记录商品仓储、交易、交收、结算、支付等相关信息，采取措施保证相关信息的完整和安全，并保存五年以上。

第十九条　市场经营者不得擅自篡改、销毁相关信息和资料。

第四章　监督管理

第二十条　县级以上人民政府商务主管部门负责本行政区域内的商品现货市场的行业管理，并按照要求及时报送行业发展规划和其他具体措施。

中国人民银行分支机构依据职责负责辖区内商品现货市场交易涉及的金融机构和支付机构的监督管理工作。

国务院期货监督管理机构派出机构负责商品现货市场非法期货交易活动的认定等工作。

第二十一条　市场经营者应当根据相关部门的要求报送有关经营信息与资料。

第二十二条　县级以上人民政府商务主管部门应当根据本地实际情况，建立完善各项工作制度。必要时应及时将有关情况报告上级商务主管部门和本级人民政府。

第五章　法律责任

第二十三条　市场经营者违反第十一条、第十二条、第十三条、第十四条、第十七条、第十八条、第十九条、第二十一条规定，由县级以上商务主管部门会同有关部门责令改正。逾期不改的，处一万元以上三万元以下罚款。

第二十四条　市场经营者违反第八条、第十条规定和《期货交易管理条例》的，依法予以处理。

第二十五条　有关行政管理部门工作人员在市场监督管理工作中，玩忽职守、滥用职权、徇私舞弊的，依法给予行政处分；构成犯罪的，依法追究刑事责任。

第六章　附　则

第二十六条　本规定自 2014 年 1 月 1 日起施行。

CHAPTER **3**

第三章

大宗商品交易流程

第一节

大豆交易①

国际上，大豆交易主要表现为现货贸易。2000 年以来，大豆现货贸易由美国公司推动，改一口价方式为以芝加哥期货交易所（CBOT）期货价格为基础的升贴水方式：FOB 及 CNF 升贴水 + 期货价格。

FOB（Free On Board），是国际贸易中常用的贸易术语之一。按离岸价格进行的交易，买方负责派船接运货物，卖方应在合同规定的装运港和规定的期限内将货物装上买方指定的船只，并及时通知买方。货物在装船时越过船舷，风险即由卖方转移至买方。

CNF（Cost And Freight），到岸价格交易方式。卖方租船，在合同规定的装运港和规定的期限内将货物装上船只，并及时通知买方。船运费由卖方支付。但是，货物在装船时越过船舷，风险即由卖方转移至买方。

一、贸易商操作模式及升贴水的产生

贸易商向农场主收购大豆，同时在期货市场卖出相应期货合约进行保值，该过程完成后手中持有大豆现货多头和相应期货空头。

贸易商计算自己的成本和利润，确定向我国油厂的升贴水报价，并和我国油厂签订出口合同。

我国油厂接受升贴水报价，并在一定的期限内购买相应数量的期货（点价）。

我国油厂将期货多单转单给贸易商（EFP），贸易商借以平掉手中的期货空头，贸易商将相应数量的大豆现货转移给买方，该过程完成后贸易商手中的大豆现货多头和期货空头同时平仓了结。

---

① 大豆国际贸易实务（现货交易与期货定价）[EB/OL].[2023-09-21].https://wenku.baidu.com/view/60696ad7227916888586d77b.html?from=search.

二、升贴水的特点

波动范围跟期货比相对较小，每年期货价格波动在几百美分，而升贴水年度波动仅为几十美分。

有一定的季节性规律：播种前农民由于融资压力会销售比较积极，升贴水比较低；收割季节农民卖货积极，升贴水也往往比较低。

有时跟期货价格呈正相关性，有时二者呈负相关性。例如，2007 年期货价格上涨时，升贴水大幅下调；而 2009 年阿根廷大豆减产，导致期货价格及升贴水同时上涨。

三、大豆现货采购流程

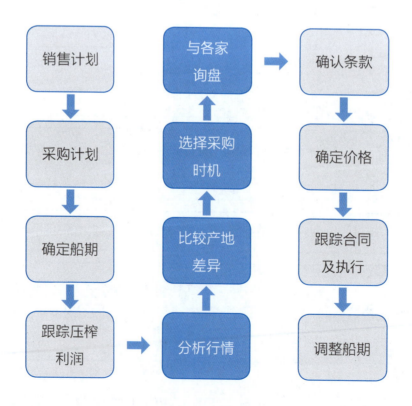

四、大豆采购合同范例摘录[①]

大豆采购合同

合同号： ××××

签约日： ×××× 年 ×× 月 ×× 日

卖方： 境外 A 公司

买方： 境内 B 公司

商品： 大豆

原产地： ×× 国

包装： 散装，货柜尺寸由卖方决定。

数量： ×× 吨，允许 10% 溢短装，溢短装由卖方决定，按合同价结算。

装船期： ×××× 年 ×× 月 ×× 日至 ×××× 年 ×× 月 ×× 日

规格： ×× 国农业部粮食检验机构或其授权机构需进行大豆检验（双方应签发证书），除非另有说明。检疫结果需符合以下最低质量要求：

    品名：×× 型号大豆

    水分：最多 ×%

    测试重量：最少 × 磅 / 蒲式耳

    杂质：最多 ×%

    总损：最多 ×%

    破碎率：最多 ×%

    异色率：最多 ×%

    热损耗：最高 ×%

[①] 大豆采购合同 [EB/OL].[2023-09-21].https：//wenku.baidu.com/view/373e1f1b6bd97f192279e93d.html?from=search.

价格： × 美元 / 蒲式耳升贴水对应于 ×××× 年 ×× 月芝加哥期货交易所（CBOT）大豆期货价格，价格包括卸货港的货柜码头处理费。

合同单位的价格需要换算，即从美元 / 蒲式耳换算成美元 / 吨，1 吨 = 36.7433 蒲式耳。

按照芝加哥期货交易所（CBOT）价格定价或买方定价，最迟要在交付相应的芝加哥期货交易所（CBOT）大豆期货合约的第一次通知日的前 × 天内或提单日期的前 × 个工作内完成定价，允许在当日成交范围内放弃。

如果买方未能在上述期间定价所有期货，卖方有权利在最后定价日期后的第一个工作日完成定价部分。卖方能接受部分固定的芝加哥期货交易所（CBOT）期货定价。

完成芝加哥期货交易所（CBOT）期货定价后，单位价格将基于所有合同平均价格加 / 减合同的升贴水。

付款： 买方最迟于 ×××× 年 ×× 月 ×× 日前由中国一流银行开出完全可操作的不可撤销的即期信用证至卖方指定银行，金额为 100% 货值含允许增减部分，以美元支付。最终价格计算如下：吨价 =（CBOT 交易价 +×）× 36.7433。该价格为最后合同价格。

如买方未能在 ×××× 年 ×× 月 ×× 日前开出完全可操作的不可撤销的即期信用证，则视为买方违约，卖方有权利转卖该集装箱货物并对所有的损失进行索赔。

议付时需提交以下单据：

1. 发票 5 正。

2. 全套清洁已装船提单 3 正 3 副，空白抬头，空白背书，显示"运费预付"，通知人买方，允许多式联运提单。

3. 由一级独立检验人出具的蛋白质、油的湿态含量证书，1 正 2 副。

4. 由专门机构出具的官方谷物重量证书 1 正 1 副。

5. 由出口国商会出具原产地证书 1 正 2 副。

6. 由 ×× 国农业部粮食检验机构或其授权机构出具的植物检疫证书 1 正 2 副。

7. 由独立检验人出具实验室证书或者植物检疫证书 1 正 2 副，证明该批大豆符合中国农业农村部规定，不得有以下杂草、病虫害：黑高粱、假高粱、菟丝子属、烟草环斑病毒、阿拉伯病毒、鹰嘴豆象、灰豆象、大豆疫病菌、南方菜豆花叶病毒、番茄环斑病毒。

实验室证书或者植物检疫证书应证明由卖方提供的大豆在装运时基本不含蓖麻籽 / 壳荚及其他有毒种子；所供大豆状态良好，适合压榨，无异味，无霉变，无发酵，基本无活体虫害。

8. 由一级独立检验人出具的化学残留证书 1 正 2 副。由卖方提供大豆的化学残留物，应在中国公共卫生部门的限定范围之内，由有资质的独立检验实验室在装运时出具：

（1）砷化合物最高含量 1 mg/kg（即三氧化二砷含量不超过百万分之一）；

（2）不应含有汞化合物；

（3）磷化物最高含量 0.05 mg/kg（即磷化氢含量不超过百万分之 0.05）；

（4）氰化物最高含量 5 mg/kg；

（5）除草剂最高残留量 3 mg/kg；

（6）EDB 最高含量 10 mg/kg。

9. 由一级独立检验人出具的作物实际生产期证书 1 正 2 副。

10. 包装清单 1 正 2 副。

11. 由供应商出具的实木包装材料证书 1 正 2 副。

12. 由 ×× 国农业部粮食检验机构或其授权机构出具的出口谷物检验证书 1 正 3 副，显示除油和蛋白质外所有分析结果。

13. 受益人在最后提单日期后的 2 个工作日内给开证人传真装船事项的说明，包括商品、船名、数量、单价、总金额、货柜号码、装货港口、提单日期、提单号、信用证号、发票号、合同号。

14. 受益人的所有装船单据在租船提单日期后的 10 个工作日内传真或发邮件给申请人的证明。

开证银行应该在信用证议付的海运提单日期的 15 个工作日内收到全套 1 日

至 14 日装运单据，分批装运和转运都是允许的，买方有权察视大豆的检查和装载，但是由此产生的费用由买方承担。

重量 / 质量： 装运时重量 / 质量 / 货物状况以卖方选择并付费的独立检验机构出具证书为准。

付款通知： 卖方要在租船提单日期起的 × 个工作日内通过电报、电话、传真或者其他快捷通信方式通知买方付款，付款通知要说明货柜号码、船只的名称、装运港、租船提单日期、装载数量，并表示付款通知的传真时间和租船提单送达的时间一致。

保险条款： 由买方承担。

仲裁条款： 如合同双方有任何争议无法达成共识，则争议提交 ×× 仲裁，根据争议条款解决。

不可抗力： 通常意义上的不可抗力适用于本合同。

其他条款： 卖方允许在卸货港停留 14 天时间。

所有必须的进口许可、配额、税项等由买方负责并承担风险；由于买方的单据不符合或者进口港变化问题导致的任何卸货推迟损失由买方负责。如买方无法做到，不视为不可抗力。

出口许可、关税、税项等，无论什么时候都由卖方负责办理并承担风险。

根据这项合同已售出的商品，不得直接或间接地在 ×× 国法律或法规所禁止的任何地方出口、转出口、转运、转售、供应或传送。

第二节
原油交易 ①

在国际原油贸易中，从事贸易人员之间通常用邮件的方式确认贸易成交，主要确定贸易条款、品种、数量、价格等交易要素。贸易成交之后，买卖双方的贸易执行人员根据贸易成交上的主要内容制作、审阅、修改、反馈合同，直至最终合同定稿。

一、原油贸易主要方式

1. 长期合同

在石油销售和采购方式中，长期合同是中东国家销售的最主要方式。中东国家的石油公司一般在每年 9 至 10 月与炼油厂直接签订下一年度的长期供油合同，以大体确定每年度原油的供应与销售，合约中规定交货的目的港，但是装期、数量、价格等具体信息还需要提前数月进行商定。

2. 现货采购

20 世纪第二次石油危机之后，石油市场出现了供过于求、油价下跌的局面，更多的交易走向现货市场，特别是许多贸易商的参与使得现货市场发展很快。现货采购更为灵活方便，很多炼厂都选择长期合同与现货按一定比例搭配的方式来安排采购计划，以在不同市场情况下合理调整原油采购品种和数量。

---

① 参考"博士说油"于2020年8月12日发表的《原油贸易专题之六：一文说清我国原油进口贸易流程》。

二、影响原油交易的因素

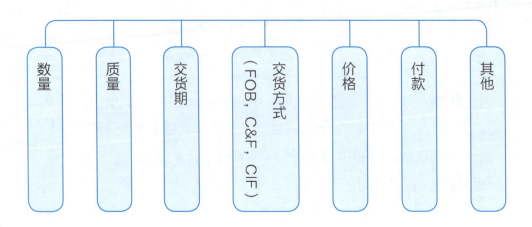

三、原油交易的步骤

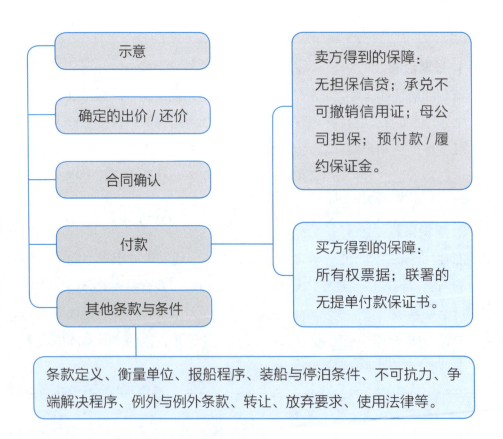

四、交易油种

石油贸易的品种多，但计价基准相对较少。为了适应商品流通活跃和贸易技术发展的要求，石油贸易的计价基准日趋简化，目前最为常用的基准原油有以下几种，分别是美国西得克萨斯中间基原油、布伦特原油、迪拜与阿曼原油、塔皮斯原油、米纳斯原油。

实例说明

- 东南亚原油：原油与米纳斯原油、塔皮斯原油挂靠，有的也与布伦特原油、迪拜与阿曼原油挂靠。
- 中东原油：阿曼原油挂靠阿联酋迪拜商品交易所（DME），其余除也门原油挂靠布伦特原油外，都与迪拜与阿曼原油挂靠。
- 西非原油：全部挂靠布伦特原油。
- 地中海原油：全部挂靠布伦特原油。
- 南北美原油：南北美原油绝大部分挂靠美国西得克萨斯中间基原油，个别挂靠布伦特原油、迪拜与阿曼原油。

五、油轮分类

每年进口原油数量的 90% 以上都是通过油轮海运进口，且运输成本仅高于管道，远低于火车和油罐车。

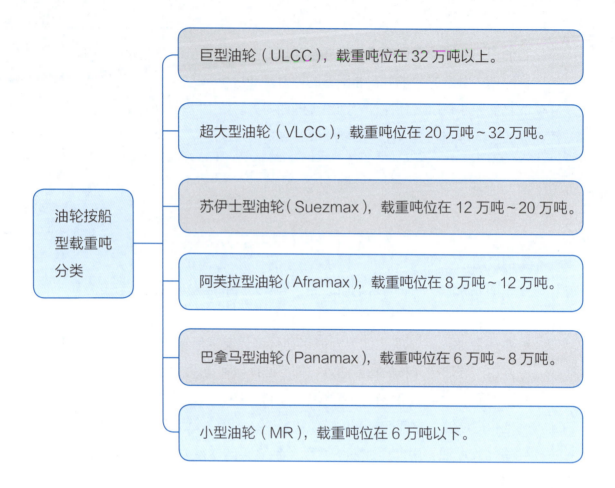

六、中国进口原油的主要来源、路线、时间等情况

（一）中东地区（沙特阿拉伯、阿曼、科威特等）；属于含硫油；运输时间（至青岛，下同）19～21天；超大型油轮（VLCC）。

路线：中东—霍尔木兹海峡—马六甲海峡—中国台湾海峡 / 巴士海峡—中国大陆。

（二）北海（英国、挪威）、西（北）非地区（安哥拉、尼日利亚、赤道几内亚、苏丹、利比亚、阿尔及利亚等）；低硫油；北海 / 北非原油运输时间约 40 天，西非原油 30～32 天；超大型油轮（VLCC）。

路线：北海—北非—直布罗陀海峡—西非—好望角—印度洋—巽他海峡或马六甲海峡—中国台湾海峡—中国大陆。

（三）中南美（加勒比海、巴西）；重质高硫；运输时间 40～45 天；超大型油轮（VLCC）。

路线：中南美—好望角—印度洋—中国。

（四）东南亚地区（印度尼西亚、马来西亚、越南、文莱、泰国）；低硫油；运输时间约 8 天；6 万～8 万吨油轮。

七、滞期费

滞期费是在航次租船合同中，当船舶装货或卸货延期超过装卸货时间时，由租船人同船东所支付的约定款项。油轮运输惯例中只有滞期费，而无速遣费。滞期费涉及船东、卖方、收货方和拼装方，要根据租约或合同约定分别进行计算，然后进行索赔或对索赔进行谈判。由于滞期费不属于货款，租约或合同中一般只约定提出滞期费索赔的时限和所需资料，未规定滞期费的最后结算时间，双方经常要进行数月以上的多轮谈判才能最终结束。

由于装货港未能在约定小时内完成装货，买方有权向卖方索赔超过约定小时以外的时间费用，并以租约或一般贸易条款上约定的滞期费率计算滞期费。在滞期费的计算中，还要扣除移泊、等候单据、坏天气减半等时间。

八、原油采购销售合同范例摘录 [①]

原油采购销售合同

本协议制定于 ×××× 年 ×× 月 ×× 日。

卖方公司：××××

买方公司：××××

在此，买方承诺购买／支付，并且卖方同意在一定条件下（包含本合同附带的交易过程）卖／运输该货物。

1. 合同范围

1.1 卖方和买方在完全的公司权限和责任下分别代表卖方是商品的合法所有者，数量和质量如下所述，并且买方具有购买所述商品的全部能力。

---

① 原油采购销售合同 [EB/OL].[2023-09-21].https：//wenku.baidu.com/view/b7c76f69cbaedd3383c4bb4cf7ec4afe04a1b11c.html.

1.2 买方欲购买 ×× 产地的原油（以下简称"产品"）。卖方有独立的能力从该产地国家石油公司购买产品，并将其重新销售给买方。卖方已接受从有关当局采购原油并将其重新出售给买方，买方已接受从卖方接收产品并向卖方付款，以实现本协议的目标。

2. 数量
根据本合同销售和购买的商品的总合同数量为 × 桶，变化 ±×%（加 / 减 ×%）。在不影响前述规定的情况下，如果产品的可用性持续发生，买方应接受任何额外的货物运输 / 交付。

3. 运输条款
3.1 合同规定的数量是 × 桶，对于每艘船的装运数量，卖方可选择 ±×%（加 / 减 ×%）。
3.2 交货计划，在买方和卖方双方协议下尽快开始。

4. 时效
4.1 对于每艘船的装运，本合同的期限为 × 天，±×%，除非双方同意延长。
4.2 如果需要，此合同可以持续 × 个月或更长可能的缩短和延长。
4.3 在执行本合同并将银行金融工具置于卖方之下不到 × 个日历日内开始提货。

5. 质量
卖方保证所销售产品的质量符合本合同附录所述的保证规格。

6. 价格
6.1 低于布伦特轻质原油价格折扣价 × 美元，买卖代理人佣金为每桶 × 美元。
6.2 支付货币用美元结算。

7. 支付

7.1 通过确认的或至少确认的、可转让的、可分割的、不可撤销的备用信用证。

7.2 付款应为约定币种的全额，对应于每个货件指定数量的总值。

7.3 根据在装货点评估的数量和合同确定的价格支付。

7.4 可转让、可分割、不可撤销的备用信用证的价值应由装运的价格和数量决定。

7.5 卖方和买方各自负责其银行费用。

8. 买方在 × 个工作日内向卖方提供付款保证书信件。

9. 完成装货后，卖方给买方所有文件，并发送所有装载文件的复印件，包括租方收据，并给买方一封信，介绍买方到船东方确认。

10. 买方在收到上述装载和船舶文件后，在 × 小时内通过信用证确认上述文件和向卖方支付备用信用证。

11. 在确认买方工具后，卖方装载的船舶发出预计到达时间并将装载的船舶移至国际水域，向买方检查员发出船舶实际靠泊时间，货物保持在船上，同时检查员下去做质量检测分析。

12. 质量检测分析出来后，发给双方。

13. 卖方将所有文件发给买方。

14. 买方通过国际资金清算系统全额付款给卖方。

15. 船只航行到买家指定卸货港。

16. 交付

16.1 卖方保证仅在交易基础上交付交易商品。

16.2 根据本合同约定的条件和规定，卖方和买方特此确认装载货物的交付

量为 × 桶，加或减 ×%。

17. 检查——数量和质量

17.1 双方同意，应在指定的时间任命国际公认的一级独立测量公司，以根据本合同规定评估货物的数量和质量，买方将按照验船师提供的发票支付检验费。

17.2 由指定验船师公司进行的数量和质量评估，应采用符合石油工业实践中通常使用的方法和程序，并应始终严格遵守现行的国际标准和程序。

17.3 每批装运油的数量和质量应在装船港装货作业完成时由验船师进行评估。该评估数量应用于按照合同中约定价格计算应支付给卖方的金额。

17.4 货物的数量和质量的抽样应按照卖方和买方双方约定标准和方式进行。

第三节
焦煤交易

炼焦煤是煤炭中资源较为稀缺的品种，其进口流程主要分为以下几步：

第一步，买方询价开立购买意向书。

第二步，买方提供相关的进口资质文件及相关企业文件。

第三步，卖方供应报价单。

第四步，买方向卖方要求提供相关矿山介绍及相关品位的化验报告，并尽量要求卖方提供海关出具的重量检验证书、分析报告和提货单、装卸港煤检报告等，以及货物的出口通关文件。

第五步，买卖双方协议煤炭价格及合同条款。

买方提出采购订单（Purchase Order），买方开具银行资信证明（BCL），买卖双方依据国际贸易标准流程，签订采购合同。

第六步，签订合同后，买方在约定时间内开具银行信用证（L/C）给卖方。卖方收到信用证（L/C）后，在约定时间内开具银行合约金额 ×% 的履约保函，卖方于银行收到信用证后 × 天内交货。买方确定样本提单信息，卖方出具正式提单。卖方（买方）装船前委托第三方检验机构作为质量检验机构，买方派人员监督或委托第三方监装，卖方货物离港后加单押汇请款，买方清关提货。

大宗商品交易付款绝大多数通过信用证（L/C）的方式。信用证（L/C）由于供需双方都有银行信用进行担保，所以兑付并不是最主要的风险，而是需要注意数量和质量的拒收条件，在实际操作过程中，议付行对单据的审核较为严格。

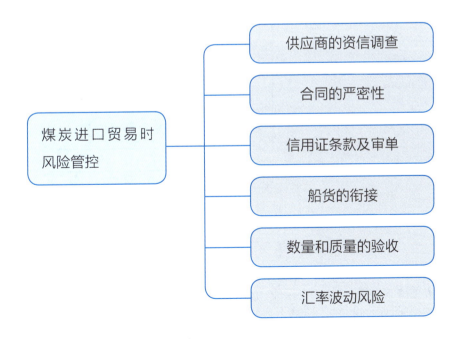

第四节
铁矿石交易 ①

> 国际上，铁矿石交易与大豆类似。目前我国铁矿石贸易主要采用基差定价模式，即在现货贸易中采用"期货+基差"的模式对现货进行定价，买卖双方签订购销合同时，暂不确定固定价格，而是按指定交易所的期货价格锁定基差，由买方在装运前选择某一时点的期货价格作为最终交易价格。（基差定价模式参考本章第一节"大豆交易"）

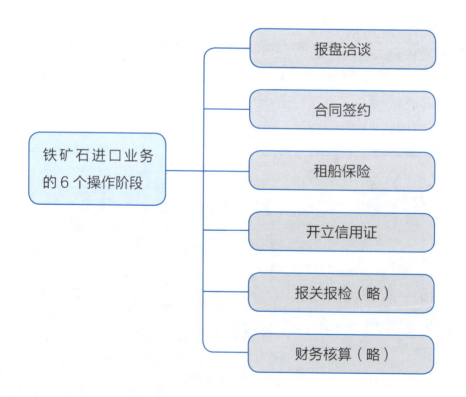

铁矿石进口业务的6个操作阶段
- 报盘洽谈
- 合同签约
- 租船保险
- 开立信用证
- 报关报检（略）
- 财务核算（略）

① 进口铁矿石业务操作流程及市场分析 [EB/OL].[2023-09-21].https：//wenku.baidu.com/view/ 3b9b18dd102de2bd960588da.html?from=search.

一、报盘洽谈

报盘洽谈的标准要素有以下几项：

（一）货物名称、出产矿山。

（二）货物规格、数量。

（三）货物价格、奖罚标准。

（四）装港、装期、卸率及滞速费率。

（五）其他特殊要求（如有），例如无承兑手续费由谁承担。

（六）报盘效期。

二、合同签约

根据租船方的不同，进口合同可分为 CFR/CIF 合同和 FOB 合同。

合同的组成要点包括：

（一）合同号及签订日期。

（二）合同双方名称及联系信息。

（三）货物描述：品名、产地、装港、卸港、装期、数量、货品规格。

（四）价格及奖罚。

（五）议付条款、首款和尾款所需单据。

（六）装卸港品质差异解决方式。

（七）运输及卸港/装港条款。

（八）保险条款。

（九）不可抗力条款。

（十）风险与所有权转移。

（十一）货物损失赔偿条款。

（十二）仲裁及法律条款。

（十三）其他条款。

（十四）双方授权人签字及签章。

三、租船保险

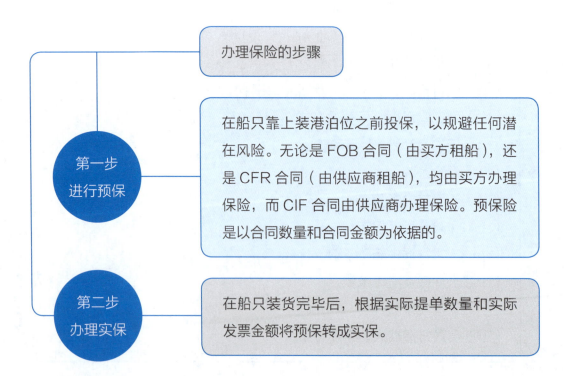

合同履行过程中，租船和登记报船信息这一环节，CFR/CIF 和 FOB 合同有着很大区别：CFR/CIF 合同是由发货人（供应商）租船，而 FOB 合同是由收货人（买方）租船。

CFR/CIF 合同项下，供应商在签订合同后将租用的船只信息报给买方，买方根据所报的船舶信息，判断船只是否符合国内卸港要求。如符合，将接受供应商所报船只；如不符合，可提出合理理由，要求供应商换船，直到买方接受船只为止。

FOB 合同项下，由买方租船，将具体装期、货量、装卸港条件等要求报给船运公司后，由船运公司对该航程报价和报出船只。买方将船运公司所报船只发给供货方，须经装港港务局确认合格，方可被接受。同时买方与船运公司议价，确定租船价格。

办理保险的步骤

第一步
进行预保

在船只靠上装港泊位之前投保，以规避任何潜在风险。无论是 FOB 合同（由买方租船），还是 CFR 合同（由供应商租船），均由买方办理保险，而 CIF 合同由供应商办理保险。预保险是以合同数量和合同金额为依据的。

第二步
办理实保

在船只装货完毕后，根据实际提单数量和实际发票金额将预保转成实保。

四、开立信用证

信用证结算 —— 买方在开立信用证时，除规定货物规格、价格、付款比例、交货期限等主要条款外，还应对货物掉品、船期延误、装港单据出现重大缺陷等可能触发拒收货物的情况进行规定。

审单付汇 —— 在信用证开立后，供应商在信用证项下提交装港单据和卸港单据。装港单据包括首款发票、提单、质量证、重量证、原产地证；卸港单据包括尾款发票和检验检疫报告。

五、铁矿石交易合同 [①]

铁矿石交易合同

合同编号：

日期：

卖方：

电话（Tel）：

传真（Fax）：

买方：

电话（Tel）：

---

① 铁矿石贸易中英文合同 [EB/OL].[2023-09-21].https://wenku.baidu.com/view/c39d2b9bdd3383c4ba4cd230.html?from=search.

传真（Fax）：

鉴于买方同意购买且卖方同意销售下述商品，买方和卖方根据下列条款签订本合同：

第一章　定价模式

第一条　关于定价模式，双方同意以季节定价模式成交，即双方确定××××年度采用季节定价模式。

第二章　价格和成交量

第二条　双方同意按照同品种同价格的惯例交易，不按照品位进行分类定价。

第三条　关于铁矿石价格，双方同意在××××年第×季度×美元/吨的基础上涨价×%，即价格为×美元/吨。

第四条　就第三条款达成的价格是离岸价格，该价格应用于澳大利亚伯斯港与中国天津港、青岛港、日照港任一港口之间的航线。

第五条　双方商定买方于××××年第×季度进口×万吨品位在×到×之间的铁矿石。

第三章　海运费

第六条　关于海运费，双方认同中国模式，取消金融机制；在××××年第×季度的海运费基础上不再涨价，价格维持在×美元/吨。

第七条　根据第六条，在海运费补贴上，卖方不再予以买方海运费补贴，即海运费补贴比为零。

第八条　货物分批次发运，批次由卖方决定，货物在一个季度内发运至中国港口，港口装卸费用由卖方承担。

第九条　货物运输途中保险由买方承担，卖方不承担货物途中造成损失的任何责任。

第四章　价格补贴

第十条　关于价格涨幅补贴，卖方给予买方优于发达国家多 ×% 的优惠。

第五章　违约责任

第十一条　合同双方如有违反以上各条款的行为，则根据双方达成的违约处理合同条款进行处理。

第十二条　如果双方仍不能妥善处理争议，则提交中国海事仲裁委员会仲裁，双方应无条件接受仲裁结果。

第六章　附　录

第十三条　双方达成的违约处理合同服从于本合同，并具有法律效力。

CHAPTER **4**

第四章

大宗商品进口报验状态

表 4-1　大宗商品进口报验状态

商品编号	商品名称	商品规格、型号
1201901000	黄大豆	转基因，非种用 | 蛋白含量：35.7%| 油含量：20.2%| 升贴水 :185 美分 / 蒲式耳 | 无其他申报要素
1201901000	黄大豆	转基因，非种用 | 蛋白含量：35.7%| 油含量：20.2%| 升贴水：176.71 美分 / 蒲式耳 | 签约日期：2016.9.7
1201901000	黄大豆	转基因，非种用 | 蛋白含量：35.7%| 油含量：20.2%| 升贴水：187.23 美分 / 蒲式耳 | 签约日期：2016.8.12
1201901000	黄大豆	转基因，非种用 | 蛋白含量：35.06%| 油含量：20.73%| 升贴水：92 美分 / 蒲式耳 | 签约日期：2016.3.9
1201901000	黄大豆	转基因，非种用 | 蛋白含量：34.55%| 油含量：21.03%| 升贴水：166.75 美分 / 蒲式耳 | 签约日期：2018.3.7
1201901000	黄大豆	转基因，非种用 | 蛋白含量：35.5%| 油含量：19.7%| 升贴水：32.96 美分 / 蒲式耳 | 签约日期：2017.2.23
1201901000	黄大豆	转基因，非种用 | 蛋白含量：34.55%| 油含量：21.37%| 升贴水 :122.42 美分 / 蒲式耳 | 签约日期：2017.2.14
1201901000	黄大豆	转基因，非种用 | 蛋白含量：35.5%| 油含量：21.8%| 升贴水：206 美分 / 蒲式耳 | 无其他申报要素
1201901000	黄大豆	转基因，非种用 | 蛋白含量：35.5%| 油含量：21.8%| 升贴水：206 美分 / 蒲式耳 | 签约日期：2016.8.18
1201901000	非种用黄大豆（转基因）	转基因黄大豆 | 蛋白含量：35%| 油含量：20.2%| 无升贴水 | 签约日期：2016.6.1| 船期：2016.7.15—2016.8.15
1201901000	黄大豆	转基因，非种用 | 蛋白含量：34.63%| 油含量：21.15%| 升贴水：151.72 美分 / 蒲式耳 | 签约日期：2018.2.16
1201901000	非种用黄大豆（转基因）	转基因黄大豆 | 蛋白含量：34.3%| 油含量：18.69%| 无升贴水 | 签约日期：2016.8.15| 船期：2016.10.15—2016.11.15
1201901000	黄大豆	转基因，非种用 | 蛋白含量：35%| 油含量：20%| 升贴水：137 美分 / 蒲式耳 | 无其他申报要素
1201901000	黄大豆	转基因，非种用 | 蛋白含量：34.0%| 油含量：19.7%| 升贴水：172 美分 / 蒲式耳 | 签约日期：2016.7.6
1201901000	黄大豆	转基因，非种用 | 蛋白含量：35.12%| 油含量：20.28%| 升贴水：101.47 美分 / 蒲式耳 | 签约日期：2016.4.14

表 4-1（续 1）

商品编号	商品名称	商品规格、型号
1201901000	黄大豆	转基因，非种用|蛋白含量：34.85%|油含量：20.79%|升贴水：98 美分 / 蒲式耳|签约日期：2016.4.27
1201901000	黄大豆	转基因，非种用|蛋白含量：35.22%|油含量：21.19%|升贴水：144 美分 / 蒲式耳|签约日期：2018.2.8
1201901000	黄大豆	转基因，非种用|蛋白含量：35.11%|油含量：19.89%|升贴水：155 美分 / 蒲式耳|无其他申报要素
1201901000	非种用黄大豆（转基因）	转基因黄大豆|蛋白含量：34.38%|油含量：18.92%|无升贴水|签约日期：2016.8.17|船期：2016.11.20—2016.12.20
1201901000	黄大豆	转基因，非种用|蛋白含量：35.15%|油含量：21.23%|升贴水：154 美分 / 蒲式耳|签约日期：2016.9.9
1201901000	黄大豆	转基因，非种用|蛋白含量：34.53%|油含量：20.08%|升贴水：230 美分 / 蒲式耳|签约日期：2018.4.10
1201901000	非种用黄大豆（转基因）	转基因黄大豆|蛋白含量：34.13%|油含量：19.04%|无升贴水|签约日期：2016.8.11|船期：2016.10.20—2016.11.20
1201901000	黄大豆	转基因，非种用|蛋白含量：35.85%|油含量：20.17%|升贴水：176.5 美分 / 蒲式耳|签约日期：2018.5.30
1201901000	黄大豆	转基因，非种用|蛋白含量：34.63%|油含量：19.25%|升贴水：181 美分 / 蒲式耳|签约日期：2016.7.29
1201901000	黄大豆	转基因，非种用|蛋白含量：34.62%|油含量：20.13%|升贴水：186 美分 / 蒲式耳|签约日期：2018.9.25
1201901000	黄大豆	转基因，非种用|蛋白含量：35.01%|油含量：19.68%|升贴水：136 美分 / 蒲式耳|签约日期：2016.6.10
1201901000	黄大豆	转基因，非种用|蛋白含量：35%|油含量：20%|升贴水：137 美分 / 蒲式耳|签约日期：2017.10.26
1201901000	黄大豆	转基因，非种用|蛋白含量：35.5%|油含量：19.7%|升贴水：43 美分 / 蒲式耳|无其他申报要素
1201901000	黄大豆	转基因，非种用|蛋白含量：35.01%|油含量：19.68%|升贴水：136 美分 / 蒲式耳|无其他申报要素

表 4-1（续 2）

商品编号	商品名称	商品规格、型号
1201901000	黄大豆	转基因，非种用｜蛋白含量：35.11%｜油含量：19.89%｜升贴水：144.6 美分 / 蒲式耳｜签约日期：2017.10.20
1201901000	黄大豆	转基因，非种用｜蛋白含量：35.7%｜油含量：19.8%｜升贴水：81.5 美分 / 蒲式耳｜签约日期：2016.5.18
1201901000	黄大豆	黄大豆，转基因，非种用｜蛋白含量：35.35%｜油含量：18.62%｜升贴水：155 美分 / 蒲式耳｜无其他申报要素
1201901000	黄大豆	转基因，非种用｜蛋白含量：35.35%｜油含量：18.62%｜升贴水：144.75 美分 / 蒲式耳｜签约日期：2017.9.13
1201901000	黄大豆	转基因，非种用｜蛋白含量：35.72%｜油含量：22.33%｜升贴水：82.25 美分 / 蒲式耳｜签约日期：2016.4.6
1201901000	黄大豆	种类：黄大豆，转基因，非种用｜蛋白含量：34%｜油含量：19.4%｜升贴水：112 美分 / 蒲式耳｜无其他申报要素
1201901000	黄大豆	转基因，非种用｜蛋白含量：34.0%｜油含量：19.4%｜升贴水：112 美分 / 蒲式耳｜签约日期：2016.12.5
1201901000	黄大豆	转基因，非种用｜蛋白含量：35.69%｜油含量：20.73%｜升贴水：110.25 美分 / 蒲式耳｜签约日期：2016.6.29
1201901000	黄大豆	转基因，非种用｜蛋白含量：34.89%｜油含量：20.08%｜升贴水：114.5 美分 / 蒲式耳｜签约日期：2016.12.2
1201901000	黄大豆	转基因，非种用｜蛋白含量：35.09%｜油含量：21.05%｜升贴水：190.25 美分 / 蒲式耳｜签约日期：2018.5.3
1201901000	黄大豆	转基因，非种用｜蛋白含量：34.7%｜油含量：19.81%｜升贴水：203 美分 / 蒲式耳｜签约日期：2018.3.3
1201901000	黄大豆	黄大豆，转基因，非种用｜蛋白含量：34.55%｜油含量：20.36%｜升贴水：176 美分 / 蒲式耳｜无其他申报要素
1201901000	黄大豆	转基因，非种用｜蛋白含量：34.55%｜油含量：20.36%｜升贴水：165.75 美分 / 蒲式耳｜签约日期：2017.8.30
1201901000	黄大豆	转基因，非种用｜蛋白含量：34.91%｜油含量：20.85%｜升贴水：99.75 美分 / 蒲式耳｜签约日期：2016.11.10
1201901000	黄大豆	转基因，非种用｜蛋白含量：34.56%｜油含量：21.16%｜升贴水：147.18 美分 / 蒲式耳｜签约日期：2017.11.23

表 4-1（续 3）

商品编号	商品名称	商品规格、型号
1201901000	非种用黄大豆（转基因）	转基因黄大豆|蛋白含量：34.5%|油含量：18.72%|无升贴水|签约日期：2016.8.4|船期：2016.10.1—2016.10.31
1201901000	黄大豆	黄大豆，转基因，非种用|蛋白含量：35.5%|油含量：20.2%|升贴水：148美分/蒲式耳|无其他申报要素
1201901000	非种用黄大豆	非种用黄大豆|蛋白含量：35.04%|油含量：19.77%|无升贴水|无其他申报要素
1201901000	非种用黄大豆（转基因）	转基因黄大豆|蛋白含量：35.1%|油含量：20.7%|无升贴水|签约日期：2017.9.12|船期：2017.10.1—2017.10.31
1201901000	黄大豆	转基因，非种用|蛋白含量：33.57%|油含量：20.57%|升贴水：938美分/蒲式耳|签约日期：2017.4.21
1201901000	非种用黄大豆（转基因）	转基因黄大豆|蛋白含量：34.95%|油含量：19.71%|无升贴水|签约日期：2017.8.24|船期：2017.9.1—2017.9.30
1201901000	黄大豆	黄大豆，转基因，非种用|蛋白含量：35.7%|油含量：19.8%|升贴水：58美分/蒲式耳|无其他申报要素
1201901000	黄大豆	转基因，非种用|蛋白含量：35.5%|油含量：20.2%|升贴水：137美分/蒲式耳|签约日期：2017.11.27
1201901000	黄大豆	转基因，非种用|蛋白含量：34.58%|油含量：21.25%|升贴水：154.09美分/蒲式耳|签约日期：2017.12.19
1201901000	黄大豆	转基因，非种用|蛋白含量：34.6%|油含量：21%|升贴水：124美分/蒲式耳|签约日期：2017.8.23
1201901000	非种用黄大豆（转基因）	转基因黄大豆|蛋白含量：35.1%|油含量：20.3%|无升贴水|签约日期：2017.8.31|船期：2017.10.1—2017.10.31
1201901000	黄大豆	转基因，非种用|蛋白含量：35.09%|油含量：21.92%|升贴水：123美分/蒲式耳|签约日期：2017.5.15
1201901000	非种用黄大豆（转基因）	转基因黄大豆|蛋白含量：35.5%|油含量：18.8%|无升贴水|签约日期:2017.10.24|船期:2017.11.1—2017.11.30

表 4-1（续 4）

商品编号	商品名称	商品规格、型号
1201901000	黄大豆	转基因，非种用｜蛋白含量：34.63%｜油含量：20.17%｜升贴水：110 美分 / 蒲式耳｜签约日期：2017.6.26
1201901000	非种用黄大豆	非种用黄大豆｜蛋白含量：34.7%｜油含量：19.66%
1201901000	黄大豆	转基因，非种用｜蛋白含量：34.8%｜油含量：20.14%｜升贴水：173 美分 / 蒲式耳｜签约日期：2017.8.17
1201901000	黄大豆	转基因，非种用｜蛋白含量：35.11%｜油含量：21.13%｜升贴水：219.87 美分 / 蒲式耳｜签约日期：2018.4.12
1201901000	黄大豆	黄大豆，转基因，非种用｜蛋白含量：35.09%｜油含量：19.17%｜升贴水：166 美分 / 蒲式耳｜无其他申报要素
1201901000	非种用黄大豆（转基因）	转基因黄大豆｜蛋白含量：35.5%｜油含量：20.2%｜无升贴水｜签约日期:2015.5.27｜成交船期：2015.11.15—2015.12.5
1201901000	黄大豆	转基因，非种用｜蛋白含量：35.09%｜油含量：19.17%｜升贴水：161.5 美分 / 蒲式耳｜签约日期：2015.10.20
1201901000	非种用黄大豆	非种用黄大豆｜蛋白含量：35.5%｜油含量：20.5%
1201901000	黄大豆	转基因，非种用｜蛋白含量：34.87%｜油含量：20.83%｜升贴水：183 美分 / 蒲式耳｜签约日期：2018.10.24
2709000000	原油	SAPINHOACRUDE OIL|API：30.27@60℉｜非凝析油｜非零售包装，散货
2709000000	原油	LULACRUDE OIL|API：29.7@60℉｜非凝析油｜非零售包装，散货
2709000000	原油	FORTIES BLEND CRUDE OIL|API：40.2@60℉｜非凝析油｜非零售包装，散货
2709000000	原油	FORTIES BLEND CRUDE OIL|API：39.60@60℉｜非凝析油｜非零售包装，散货
2709000000	原油	DSWCRUDE OIL|API：41.2@60℉｜非凝析油｜非零售包装，散货
2709000000	原油	GIRASSOLCRUDE OIL|API：30@60℉｜非凝析油｜非零售包装，散货

表 4-1（续 5）

商品编号	商品名称	商品规格、型号
2709000000	原油	IRANIANHEAVYCRUDE OIL|API：29.2@60 ℉|非凝析油|非零售包装，散货
2709000000	原油	DJENOCRUDE OIL|API：27.10@60 ℉|非凝析油|非零售包装，散货
2709000000	原油	SAPINHOACRUDE OIL|API：30.1@60 ℉|非凝析油|非零售包装，散货
2709000000	原油	DAS CRUDE OIL|API：39.60@60 ℉|非凝析油|散货
2709000000	原油	GIRASSOLCRUDE OIL|API：29.70@60 ℉|非凝析油|非零售包装，散货
2709000000	原油	IRANIANHEAVYCRUDE OIL|API：28.90@60 ℉|非凝析油|非零售包装，散货
2709000000	原油	UPPER ZAKUM CRUDE OIL|API：33.9@60 ℉|非凝析油|非零售包装，散装
2709000000	原油	KISSANJEBLENDCRUDE OIL|API：29.7@60 ℉|非凝析油|非零售包装，散货
2709000000	原油	RUSSIANEXPORTBLENDCRUDE OIL|API：29.98@60 ℉|非凝析油|非零售包装，散货
2709000000	石油原油	石油 |API：30.1@60 ℉|含硫量 <1%
2709000000	原油	SAPINHOACRUDE OIL|API：30.5@60 ℉|非凝析油|非零售包装，散货
2709000000	石油原油	PLUTONIO CRUDE OIL|API：32.30@60 ℉|非凝析油|非零售包装，散装
2709000000	原油	SATURNOBLENDCRUDE OIL|API：26.94@60 ℉|非凝析油|非零售包装，散货
2709000000	原油	DJENOCRUDE OIL|API：26.64@60 ℉|非凝析油|非零售包装，散货
2709000000	原油	LULACRUDE OIL|API：30.2@60 ℉|非凝析油|非零售包装，散货
2709000000	原油	DSWCRUDE OIL|API：41.6@60 ℉|非凝析油|非零售包装，散货

表4-1（续6）

商品编号	商品名称	商品规格、型号
2709000000	原油	LULACRUDE OIL|API：29.6@60℉|非凝析油|非零售包装，散货
2709000000	原油	DOBA BLEND CRUDE OIL|API：26.3@60℉|非凝析油
2709000000	原油	SAPINHOACRUDE OIL|API：30.46@60℉|非凝析油|非零售包装，散货
2709000000	原油	LULACRUDE OIL|API：29.5@60℉|非凝析油|非零售包装，散货
2709000000	原油	ESPOBLENDCRUDE OIL|API：35.55@60℉|非凝析油|非零售包装，散货
2709000000	原油	IRACEMACRUDE OIL|API：32.4@60℉|非凝析油|非零售包装，散货
2709000000	原油	DAS CRUDE|API：39.19@60℉|非凝析油
2709000000	原油	CASTILLA CRUDE OIL|API：18.3@60℉|非凝析油|非零售包装
2709000000	原油	FORTIESBLENDCRUDE OIL|API：38.1@60℉|凝析油|非零售包装，散货
2709000000	原油	LULACRUDE OIL|API：30.09@60℉|非凝析油|非零售包装，散货
2709000000	原油	SAPINHOACRUDE OIL|API：29.81@60℉|非凝析油|非零售包装，散货
2709000000	石油原油	石油|API：30～35@60℉|硫含量>2%
2709000000	石油原油	石油|API：28～32@60℉|硫含量<1%
2709000000	石油原油	石油|API:20～35@60℉|硫含量≥2%|非凝析油
2709000000	原油	DAS CRUDE|API：39.37@60℉|非凝析油|非零售包装，散货
2709000000	原油	DJENOCRUDE OIL|API：26.66@60℉|非凝析油|非零售包装，散货
2709000000	原油	LULACRUDE OIL|API：30.00@60℉|非凝析油|非零售包装，散货

表 4-1（续 7）

商品编号	商品名称	商品规格、型号
2709000000	原油	DOMESTICSWEETCRUDE OIL|API：40.94@60℉|非凝析油|非零售包装，散货
2709000000	原油	LULACRUDE OIL|API：30.09@60℉|非凝析油
2709000000	原油	PLUTONIO CRUDE OIL|API：33.07@60℉|非凝析油|非零售包装，散货
2709000000	原油	IRACEMACRUDE OIL|API：32.32@60℉|非凝析油|非零售包装，散货
2709000000	原油	FORTIESBLENDCRUDE OIL|API：40.3@60℉|非凝析油|非零售包装，散货
2601119000	铁矿石	冶炼铁合金|未烧结|块矿|Fe：52.64%，SiO_2：9.37%，Al_2O_3：3.66%，S：0.19%，P：0.066%，H_2O：2.62%|粒度：10~50mm|矿区：巴基斯坦|签约日期：2017.7.20
2601119000	铁矿石	冶炼生铁|天然矿山开采|深褐色块状|Fe：62.88%，H_2O：4%|粒度：10~31.5mm|签约日期：2016.1.12
2601119000	铁矿石	未烧结|褐色块状|Al_2O_3：1.8%，Cu：0.002%，Fe：62.2%，P：0.095%，S：0.017%，SiO_2：4.03%，H_2O：4.88%，LOI：4.81%|平均粒度：6.3~31.5mm|矿区：澳大利亚皮尔巴拉|签约日期：2018.7.16
2601119000	铁矿石	炼钢|未烧结|褐色的块状|Fe：58.22%，H_2O：3.04%，P：0.069%，S：0.012%，SiO_2：5.39%，Al_2O_3：1.34%，LOI：9.26%|平均粒度：6.3~40mm|矿区：阿特拉斯|签约日期：2017.8.25
2601119000	铁矿石	炼铁|未烧结|红褐色块状|Fe：62.17%|平均粒度：大于6.3mm|矿区：澳大利亚皮尔巴拉|签约日期：2017.8.21|数量为干重
2601119000	铁矿石	冶炼|未烧结|块状|Fe：52.19%，H_2O：2.44%|平均粒度：5~50mm|矿区：巴基斯坦|签约日期：2016.3.10
2601119000	铁矿石	炼铁|红褐色块状|Fe：62.13%|平均粒度：大于6.3mm|矿区：澳大利亚皮尔巴拉|签约日期：2018.7.4|数量为干重

表 4-1（续 8）

商品编号	商品名称	商品规格、型号
2601119000	铁矿石	炼铁|红褐色块状|Fe：61.27%|平均粒度：大于6.3mm|矿区：巴西 ITAGUAI|签约日期：2018.1.11|数量为干重
2601119000	铁矿石	炼铁用|未烧结|块状|Fe：51.05%，H_2O：2.06%，SiO_2：11.23%，Al_2O_3：3.41%，S：0.33%，P：0.12%|粒度：10～50mm|矿区：卡拉奇|签约日期：2017.6.26
2601119000	铁矿石	天然矿山开采|块状|Fe：58.7%，SiO_2：6.41%，Al_2O_3：1.16%，P：0.09%，S：0.019%|平均粒度：20mm|矿区：澳大利亚阿特拉斯|签约日期：2018.10.10
2601119000	铁矿石	炼铁|天然|块状|Fe：52.4%，SiO_2：7.27%%，Al_2O_3：3.18%，P：0.15%，S：0.084%|平均粒度：20mm|矿区：马来西亚 Port Dickson|签约日期：2015.3.23
2601119000	铁矿石	天然开采，破碎，筛选|红色块状|Fe：61.29%，H_2O：5%|平均粒度：6.3～31.5mm|矿区：澳大利亚 PILBARA REGION WESTERN AUSTRALIA|签约日期：2018.4.30
2601119000	铁矿石	未烧结|褐色块状|Fe：65.59%|平均粒度：大于6.3mm|矿区：南非 KHUMANI|签约日期：2018.4.13|数量为干重
2601119000	未烧结铁矿石	用于铸铁|天然未烧结|块状|Fe：63.39%|平均粒度：24mm|矿区：澳大利亚布鲁克曼|签约日期：2015.6.2
2601119000	铁矿石	冶炼生铁|天然矿山开采|深褐色块状|Fe：62%，H_2O：0.94%|平均粒度：10～31.5mm|矿区：JOHANHESBURG 矿区|签约日期：2016.4.21
2601119000	铁矿石	未烧结|褐色块状|Fe：58.07%，SiO_2：5.05%，Al_2O_3：2.37%，TiO_2：0.107%，Mn：0.92%，CaO：0.05%，P：0.054%，S：0.032%，MgO：0.04%，K_2O：0.037%，Na_2O：0.036%，LOI：7.77%，水分：6.32%|平均粒度：6.3～31.5mm|矿区：澳大利亚皮尔巴拉|签约日期：2018.9.17

表 4-1（续 9）

商品编号	商品名称	商品规格、型号
2601119000	铁矿石	炼铁|天然|块状|Fe：59.16%，SiO_2：7.22%，Al_2O_3：1.9%，P：0.036%，S：0.056%|平均粒度：20mm|矿区：澳大利亚的 WHYALLA 矿区|签约日期：2016.12.5
2601119000	铁矿石	天然矿山开采|深褐色块状|Fe：62.71%，H_2O：4.33%|平均粒度：10～40mm|矿区：比尔巴拉|签约日期：2017.12.27
2601119000	铁矿石	冶炼|未烧结|块状|Fe：56.61%，H_2O：8.74%|平均粒度：10～40mm|矿区：MORMUGAO|签约日期：2017.3.31
2601119000	铁矿石	天然|块状|Fe：57.06%，SiO_2：6.01%，Al_2O_3：1.43%，P：0.093%，S：0.055%|平均粒度：20mm|矿区：澳大利亚的 ESPERANCE 矿区|签约日期：2018.5.9
2601119000	铁矿石	天然矿山开采|块状|Fe：58.53%，SiO_2：6.25%，Al_2O_3：1.45%，P：0.081%，S：0.024%|平均粒度：20mm|矿区：澳大利亚的阿特拉斯矿区|签约日期：2018.8.27
2601119000	铁矿石	炼铁用|未烧结|块状|Fe：51.20%，H_2O:1.66%，SiO_2：11.8%，Al_2O_3：3.41%，S：0.32%，P：0.12%|平均粒度：10～50mm|矿区：卡拉奇|签约日期：2017.6.26
2601119000	铁矿石	冶炼铁合金|未烧结|块矿|Fe：52.15%，SiO_2：9.73%，Al_2O_3：4.15%，S：0.2%，P：0.1%，H_2O：2.14%|平均粒度：10～50mm|矿区：巴基斯坦|签约日期：2017.7.22
2601119000	铁矿石	冶炼钢铁|天然开采后筛选|块状|Fe：50.21%，SiO_2：10.36%，Al_2O_3：3.99%，S：0.2%，P：0.084%，H_2O：2.1%|平均粒度：10～50mm|矿区：巴基斯坦jhirak|签约日期：2017.2.23

表 4-1（续 10）

商品编号	商品名称	商品规格、型号
2601119000	铁矿石	未烧结|褐色块状|Fe：62.51%|平均粒度：大于6.3mm|矿区：澳大利亚皮尔巴拉|签约日期：2018.4.16|数量为干重
2601119000	铁矿石	炼铁用|未烧结|块状|Fe：51.16%，H_2O：4.43%|平均粒度：10~50mm|矿区：卡拉奇矿区|签约日期：2016.4.13
2601119000	铁矿石	炼铁|未烧结|褐色块状|Fe：61.79%|平均粒度：大于6.3mm|矿区：澳大利亚罗伊山矿区|签约日期：2017.10.20|数量为干重
2601119000	铁矿石	炼铁|未烧结|红褐色块状|Fe：62.16%|平均粒度：大于6.3mm|矿区：澳大利亚罗伊山矿区|签约日期：2017.6.30|数量为干重
2601119000	铁矿石	破碎|黑色颗粒|Fe：66%，P：0.3%，SiO_2：3.2%，Na_2O：0.1%，K_2O：0.2%，Al_2O_3：0.5%，CaO：1.7%，MgO：0.8%，TiO_2：0.4%|平均粒度：8~20mm|矿区：基律纳|签约日期：2017.2.28
2601119000	铁矿石	炼铁|天然|块状|Fe：59.96%，SiO_2：6.86%，Al_2O_3：1.51%，P：0.054%，S：0.035%|平均粒度：20mm|矿区：澳大利亚的 WHYALLA 矿区|签约日期:2017.11.28
2601119000	铁矿石	未烧结|褐色块状|Fe：62.58%|平均粒度：大于6.3mm|矿区：澳大利亚|签约日期：2018.10.12|数量为干重
2601119000	铁矿石	炼铁用|原矿未烧结|黄褐色块状|Fe：63.55%，SiO_2：2.78%，Al_2O_3：0.83%，P：0.14%，S：0.02%，LOI：5.14%，H_2O：5.94%|平均粒度：大于6.3mm|矿区：委内瑞拉奥里诺科河|签约日期：2016.10.12
2601119000	铁矿石	炼钢用|未烧结|褐色块状|Fe：46.16%，SiO_2：15.94%，Al_2O_3：1.75%，P：0.05%，S：0.089%，H_2O：10.32%|平均粒度：20~50mm|矿区：松林矿区|签约日期：2017.3.6

CHAPTER 5

第五章

大宗商品海关审价

第一节
关于公式定价的估价规定

一、世界贸易组织关于公式定价的规定

表 5-1　世界贸易组织关于公式定价的规定

规定	内容
《WTO 估价协定》对于公式定价中成交价格概念的规定	第 1 条 1. 进口货物的完税价格应为成交价格，即为该货物出口销售至进口国时依照第 8 条的规定进行调整后的实付或应付的价格，只要： （a）不对买方处置或使用该货物设置限制，但下列限制除外： （i）进口国法律或政府主管机关强制执行或要求的限制； （ii）对该货物转售地域的限制；或 （iii）对货物价格无实质影响的限制； （b）销售或价格不受某些使被估价货物的价值无法确定的条件或因素的影响； （c）卖方不得直接或间接得到买方随后对该货物转售、处置或使用后的任何收入，除非能够依照第 8 条的规定进行适当调整；以及 （d）买方和卖方无特殊关系，或在买方和卖方有特殊关系的情况下，根据第 2 款的规定为完税目的的成交价格是可接受的。
世界贸易组织估价委员会评论对于"确定实付或应付价格的公式、价格复审"的规定	1. 按商业惯例，有些合同可能包含价格复审条款。有些复审条款合同中的价格只是暂定的，最终的应付价格是根据合同规定的某些因素确定的。 2. 这种情况会以各种不同的方式发生。第一种情况是，原始订单发出后，货物在某一特定时间交付（如定制的工厂和固定资产设备）；合同规定，最后价格依据双方约定的公式确定，该公式考虑了某些因素的增减额，如生产货物时间跨度内发生的劳动力成本、原料成本、管理费用以及其他投入等。 3. 第二种情况是，所订数量的货物在一段时间内制造，交付。假如合同要求与上述第 2 款所述类型相同，尽管每种价格是根据原始合同规定的同一公式推导出来的，但第一批货物的最后价格与最后一批货物和其他批次货物的最后价格却有所不同。 4. 另一种情况，货物是一个暂定价格，然后，再按销售合同的规定，在货物交付时，按查验或分析的情况确定最终价格（例如，菜油的酸度标准，矿砂的含金量或羊毛的净含量）。

表 5-1（续 1）

规定	内容
世界贸易组织估价委员会评论对于"确定实付或应付价格的公式、价格复审"的规定	5. 协定第 1 条定义的进口货物的成交价格以货物的实付或应付价格为基础。在对该条款的解释性说明中指出，实付或应付价格应是买方为进口货物向卖方已支付或将支付的总额。因此，在订有价格复审条款的合同中，进口货物的成交价格必须依据按合同规定实付或应付的最后总价予以确定。既然进口货物的实际应付价格可以依据合同的数据确定，因此本评论所述类型的价格复议条款不应作为不能确定价格的一项条件或因素 [见协定第 1 条第 1 款（b）项]。 6. 实践中，如果在估价时价格复审条款的条件已经实现，则实付或应付价格已经知悉，不会产生问题。如果价格复审条款与某些变量有关，而这些变量在货物进口后一段时间才能起到作用，情况就不同了。 7. 考虑到协定建议被估货物的完税价格应尽可能以成交价格为基础，并且第 13 条规定了推迟最后确定完税价格的可能性，因此即便在货物进口时不可能确定应付价格，价格复审条款本身不应妨碍根据协定第 1 条进行估价。
《WTO 估价协定》解释性说明 1.1《WTO 估价协定》第 1、2、3 条里的时间要素	第 1 条 1.《WTO 估价协定》第 1 条规定，进口货物的完税价格应为成交价格，即为该项货物出口销售至进口国时，满足一定条件和经过必要调整后的实付或应付的价格。 2. 协定第 1 条和相关的注释性说明都未提及交易以外的时间标准，而在决定实付或应付价格是否可以作为完税价格的基础时，则需要考虑相应的时间要素。 3. 根据协定第 1 条的估价方法，导致进口的销售中所达成的实际价格是确定完税价格的基础，交易发生的时间无关紧要。在这个问题上，第 1 条第 1 款中的"当出售……时"（when sold…）一语并不是说，在决定某一价格是否属于第 1 条的成交价格时要考虑时间因素，它仅仅指出相关交易的类型，即所谓的"将货物出口销售至进口国"的销售类型。 4. 因此，只要满足第 1 条规定的条件，进口货物的成交价格就应该被接受，而无须考虑销售合同签订的时间，也无须考虑销售合同签订之后的市场波动。 5. 第 1 条第 2 款（b）项确实对时间要素进行了补充说明，但这些说明仅仅与"测试"价格有关。因此，在按第 1 条确定成交价格时，仍然不考虑时间因素。

表 5-1（续 2）

规定	内容
《WTO 估价协定》解释性说明 1.1《WTO 估价协定》第 1、2、3 条里的时间要素	6. 第 2 款 (b) 项规定，在关联方的交易中，只要进口商能证明成交价格非常接近同时或大约同时进口的三种可替换价格中的一种价格，成交价格就应该被接受，并且依据第 1 款的规定对货物进行估价。如果"同时或大约同时进口"一语是唯一可以考虑的因素，那么在某些情况下，被估货物和测试价格货物之间就存在实质性的差别，也就不适合进行价格的对比。 7. 应用第 2 款 (b) 项时必须符合协定的原则。出口时间，作为适用第 2 条和第 3 条时的对比标准，也是可以采用的一种办法。 8.《协定》的框架内还有其他同样可行的措施，特别是使用有关测试价格时要考虑的时间要素。如，第 1 条第 2 款 (b) Ⅰ中被估货物出口到进口国的时间，第 1 条第 2 款 (b) Ⅱ中被估货物在进口国销售的时间，第 1 条第 2 款 (b) 项Ⅲ中被估货物进口的时间。 第 2 条和第 3 条 9. 协定第 2 条和第 3 条对时间要素的考虑是不同的。第 1 条中进口货物的完税价格是以独立的要素为基础，即货物的实付或应付价格。和第 1 条不同的是，第 2 条和第 3 条则要参考按第 1 条规定确定的价格，即相同或类似货物的成交价格。 10. 为了执法的统一性，第 2 条和第 3 条均指出，根据该条款确定的完税价格是与所估货物同时或大约同时出口的相同或类似货物的成交价格。因此这两条指出了实施时要考虑的外部时间因素。 11. 应该注意的是，实施第 2 条和第 3 条时要考虑的外部时间要素是被估货物出口的时间，而不是其销售的时间。 12. 所指的外部时间要素必须是对相关条款进行实际的应用。因此，"或大约"一词只不过是为了使"同时"一词在某种程度上显得不那么刻板而已。此外，还应当注意到，依据协定总的介绍性说明，协定旨在将完税价格建立在符合商业惯例的简单和公正的标准之上。从这一原则出发，"同时或大约同时"应被认为包含了一段时间，尽可能接近于出口时间，因为在此期间可能影响价格的商业惯例和市场行情比较相似。在最后的分析中，有关问题必须在符合第 2 条和第 3 条的规定下逐案解决。 13. 与时间有关的规定当然是无法改变协定严格的执行顺序，即要求在无法使用第 2 条时方可使用第 3 条。因而，类似货物（与之相对的是相同货物）的出口时间更接近于被估货物的这一事实永远都不能颠倒第 2 条和第 3 条的适用顺序。 海关估价的时间问题 14. 上述关于实施协定第 1、2、3 条时时间要素作用的陈述，与海关估价的具体时间没有任何关系。第 9 条也只规定了货币换算时须考虑的时间。

二、中国关于公式定价的规定

表 5-2   中国关于公式定价的规定

规定	内容
《中华人民共和国进出口关税条例》关于公式定价中成交价格的规定	**第十八条** 进口货物的完税价格由海关以符合本条第三款所列条件的成交价格以及该货物运抵中华人民共和国境内输入地点起卸前的运输及其相关费用、保险费为基础审查确定。 进口货物的成交价格，是指卖方向中华人民共和国境内销售该货物时买方为进口该货物向卖方实付、应付的，并按照本条例第十九条、第二十条规定调整后的价款总额，包括直接支付的价款和间接支付的价款。 进口货物的成交价格应当符合下列条件： （一）对买方处置或者使用该货物不予限制，但法律、行政法规规定实施的限制、对货物转售地域的限制和对货物价格无实质性影响的限制除外； （二）该货物的成交价格没有因搭售或者其他因素的影响而无法确定； （三）卖方不得从买方直接或者间接获得因该货物进口后转售、处置或者使用而产生的任何收益，或者虽有收益但能够按照本条例第十九条、第二十条的规定进行调整； （四）买卖双方没有特殊关系，或者虽有特殊关系但未对成交价格产生影响。
《审价办法》关于公式定价中成交价格的规定	**第五条** 进口货物的完税价格，由海关以该货物的成交价格为基础审查确定，并且应当包括货物运抵中华人民共和国境内输入地点起卸前的运输及其相关费用、保险费。 **第七条** 进口货物的成交价格，是指卖方向中华人民共和国境内销售该货物时买方为进口该货物向卖方实付、应付的，并且按照本章第三节的规定调整后的价款总额，包括直接支付的价款和间接支付的价款。 **第八条** 进口货物的成交价格应当符合下列条件： （一）对买方处置或者使用进口货物不予限制，但是法律、行政法规规定实施的限制、对货物销售地域的限制和对货物价格无实质性影响的限制除外； （二）进口货物的价格不得受到使该货物成交价格无法确定的条件或者因素的影响； （三）卖方不得直接或者间接获得因买方销售、处置或者使用进口货物而产生的任何收益，或者虽然有收益但是能够按照本办法第十一条第一款第四项的规定做出调整； （四）买卖双方之间没有特殊关系，或者虽然有特殊关系但是按照本办法第十七条、第十八条的规定未对成交价格产生影响。 **第十条** 有下列情形之一的，应当视为进口货物的价格受到了使该货物成交价格无法确定的条件或者因素的影响：

表 5-2（续 1）

规定	内容
《审价办法》关于公式定价中成交价格的规定	（一）进口货物的价格是以买方向卖方购买一定数量的其他货物为条件而确定的； （二）进口货物的价格是以买方向卖方销售其他货物为条件而确定的； （三）其他经海关审查，认定货物的价格受到使该货物成交价格无法确定的条件或者因素影响的。
海关总署公告 2021 年第 44 号《关于公式定价进口货物完税价格确定有关问题的公告》	为推进税收征管改革，提升通关便利化水平，根据《中华人民共和国进出口关税条例》《中华人民共和国海关进出口货物征税管理办法》《中华人民共和国海关审定进出口货物完税价格办法》（以下简称《审价办法》）和《中华人民共和国海关审定内销保税货物完税价格办法》（以下简称《内销保税货物审价办法》）的规定，现将公式定价进口货物完税价格确定的有关规定公告如下： 一、本公告所称的公式定价，是指在向中华人民共和国境内销售货物所签订的合同中，买卖双方未以具体明确的数值约定货物价格，而是以约定的定价公式确定货物结算价格的定价方式。 结算价格是指买方为购买该货物实付、应付的价款总额。 二、对同时符合下列条件的进口货物，以合同约定定价公式所确定的结算价格为基础确定完税价格： （一）在货物运抵中华人民共和国境内前或保税货物内销前，买卖双方已书面约定定价公式； （二）结算价格取决于买卖双方均无法控制的客观条件和因素； （三）自货物申报进口之日起 6 个月内，能够根据合同约定的定价公式确定结算价格； （四）结算价格符合《审价办法》中成交价格的有关规定。 三、纳税义务人应当在公式定价合同项下首批货物进口或内销前，向首批货物申报地海关或企业备案地海关提交《公式定价合同海关备案表》（详见附件 1，以下简称《备案表》），如实填写相关备案信息。海关自收齐《备案表》及相关材料之日起 3 个工作日内完成备案确认。 对于货物申报进口时或在"两步申报"通关模式下完整申报时能够确定货物结算价格的，纳税义务人无需向海关提交《备案表》。 四、纳税义务人申请备案需提供的材料包括： （一）进口货物合同、协议（包括长期合同、总合同等）； （二）定价公式的作价基础、计价期、结算期、折扣、成分含量、数量等影响价格的要素，以及进境关别、申报海关、批次和数量安排等情况说明；

表 5-2（续 2）

规定	内容
海关总署公告 2021 年第 44 号《关于公式定价进口货物完税价格确定有关问题的公告》	（三）相关说明及其他有关资料。 五、纳税义务人申报进口公式定价货物，因故未能事先向海关备案的，应当在合同项下首批货物申报进口时补办备案手续。 六、经海关备案的公式定价合同发生变更的，纳税义务人应当在变更合同项下首批货物申报进口前，向原备案海关办理备案变更手续。 七、公式定价货物进口时结算价格不能确定，以暂定价格申报的，纳税义务人应当向海关办理税款担保。 八、纳税义务人申报进口货物时，应当根据实际情况填报报关单"公式定价确认""暂定价格确认"栏目，在报关单备注栏准确填写公式定价备案号，填制要求详见附件 2。 九、自货物申报进口之日起 6 个月内不能确定结算价格的，海关根据《审价办法》《内销保税货物审价办法》的相关规定审查确定完税价格。经纳税义务人申请，申报地海关同意，可以延长结算期限至 9 个月。 十、纳税义务人应当在公式定价货物结算价格确定之日起 30 日内向海关提供确定结算价格的相关材料，办理报关单修改手续，包括将"暂定价格确认"调整为"否"以及其他相关申报项目调整等内容。同时，办理税款缴纳及其他海关手续。结算价格确定之日为卖方根据定价公式出具最终结算发票的日期。 十一、本公告自 2021 年 9 月 1 日起施行，海关总署公告 2015 年第 15 号同时废止，海关总署公告 2019 年第 18 号附件《中华人民共和国海关进出口货物报关单填制规范》中有关规定与本公告不符的，以本公告为准。 特此公告。 附件：1. 公式定价合同海关备案表（样本）（略） 　　　2. 报关单填制要求（略）

三、美国关于公式定价的规定

表 5-3　美国关于公式定价的规定

规定	内容
美国海关估价法规对于确定实付或应付价格的公式、价格复审的规定	19GFR152.103（a）（1）在确定完税价格时，应考虑实付或应付价格，而无论其构成实付或应付价格的推导方式。其可以是由于折扣、增加、磋商影响的结果或按某一公式计算达成的，例如按伦敦商品交易所某一出口日决定的价格。"应付"系指进口时没有支付，但是买方承诺将在某一时刻支付的情况。支付可以采用信用证或可转让信用工具的形式。支付可以是直接的，也可以是间接的。

表 5-3（续）

规定	内容
美国海关历年来对于确定实付或应付价格的公式、价格复审行政裁定的索引	根据双方以前达成的公式： 买方欠外国卖方的杂志的金额是根据买卖双方以前的协议计算确定的，该协议考虑了单价、船运数量及其他因素。买方有权将未用过的杂志返还给卖方。发票将等到双方协调确认后才向买方开具，包括确定船运数量和返还的杂志数量。这一计算进口货物价格的方式不属延期确定进口货物实付或应付价格的公式。实付或应付价格的扣除项发生在进口以后，确定成交价格时可以不考虑这一扣除因素。543940 1987/11/04 海关允许按公式确定的价格来确定完税价格，只要最终的销售价格以将来某一事实为基础确定，但这一事实的发生不能是卖方或买方可控制的。如果将来的事实是基于卖方或买方可控制的因素，则该公式在估价时不被接受。在本案中，进口货物最终的实际价格通过磋商达成，而该议价过程可能持续到货物进口到美国以后。价格磋商考虑了折扣、返利或其他价格调整因素。双方控制着价格是否做调整或调整的程度，这样的控制造成该定价方式不符合海关可以接受的公式定价的要求，因此成交价格法不能用来确定进口货物完税价格。545618 1996/08/23 进口时，进口货物的价格是根据一个可变的价格公式，并受汇率波动影响。价格不是固定不变的，在年底需进行调整，最终的价格可能在进口以后 15 个月才能确定。货物的基本购买价格需根据货物全球年生产总量确定，发票是按进口时预计价格开具的。在本案中确定完税价格时不能用成交价格，19CFR152.103（a）（1）不适用本案。546421 1998/03/27 **汇率：** 买卖双方的最终交易价格取决于出口时确定的一个计算公式。既然价格是按公式计算的，且在进口之日前就达成，卖方向买方支付的汇兑损益就不构成返利，或其他实付或应付价格的扣除项。在确定成交价格时，应考虑因汇率变动引起的汇兑损失或收益对于发票价格的调整项。543089 1984/06/20 **暂定价格：** 根据一项"购销协议"，买方从卖方购买并进口所需的某种化学品用于杀虫剂生产。协议规定了一个暂定价格。暂定价格反映了卖方在一固定交换比率下生产该化学品的全部成本，但并不包括其利润部分。在每一合同年度末，暂定价格将被调整，以反映卖方全部的生产成本。协议要求卖方在每一合同年度开始时，向买方确定暂定价格。买方则有义务说明其基于暂定价格的预期销售利润。如果双方对利润不满意，双方将根据新的成本数据进行磋商，以达成一个新的利润水平。既然货物装船时实付或应付价格尚无法确定，根据公式计算的进口化学品价格不能用作确定被估货物的完税价格。每一合同年度的最终价格要等到卖方确定了其发生的全部成本以后才能定。545609 1995/08/11

四、日本关于公式定价的规定

表 5-4　日本关于公式定价的规定

规定	内容
日本海关关税法基本通告关于期货交割货物估价的规定	4.4-2 确定从 LME(伦敦金属交易所) 指定仓库领取的铝锭的完税价格从 LME 指定仓库领取的铝锭，其完税价格的计算如下。 1. 计算从日本的 LME 指定仓库领取的进口铝锭的完税价格时，如果由于该铝锭从海外搬入日本 LME 指定仓库时的进口成交价格不明确以及该铝锭的销售价格根据 LME 市价不断变化等原因，无法按照关税法第 4 条 1 第 1 款 (确定完税价格的原则)，第 4 条 2(按相同类似货物的成交价格确定完税价格)、第 4 条 3 第 1 款 (基于国内销售价格确定完税价格) 以及同条第 2 款 (基于制造成本确定完税价格) 规定的估价方法计算完税价格时，适用关税法第 4 条 4(确定特殊进口货物的完税价格) 的规定，应基于以 LME 价格为指标的交易，将领取到国内的该铝锭的发票价格作为完税价格。 2. 此种情形下，该铝锭在纳税申报时，原则上，应提交或出示以下所列的全部文件，以便计算完税价格。 （1）该铝锭的 LME 授权证副本； （2）LME 指定仓库经营者印发的证明该铝锭所有者的确认书； （3）取得该授权证的发票中记载该授权证编号的文件（但是，不能在纳税申报时提交或出示该发票时，可以是该发票的副本）。

第二节
关于一揽子交易的估价规定

一、世界贸易组织关于一揽子交易的规定

表 5-5　世界贸易组织关于一揽子交易的规定

规定	内容
《WTO 估价协定》评论 6.1 按本《协定》第 1 条对分运货物的处理	**一般说明** 1. 本评论中的术语"分运货物"系指若干批托运的货物，尽管这些若干批托运货物是买卖双方之间一笔交易的标的物，但由于交运、运输、支付等原因不是一次性到货向海关呈验通关，而是随后分批或连续分批装运，经同一海关或不同海关进口。 **特征** 2. 绝大多数情况下，分批装运进口货物分为下列三种类型： A. 分批装运的成套工业设备或工厂，这些货物之所以分批装运，是因为它们来自不同的供应渠道，或者在物理上无法一次性装运，或者需要错开装运期便于适应建厂计划。 B. 由于数量原因导致有关各方不可能，或者不方便一次性进口所有的货物，货物只能分批装运。 C. 由于地理分布的原因，货物只能分批装运。 **分批装运的成套工业设备或工厂** 3. 这类情况涉及因尺寸上的原因必须分批进口的某组货物和整套设备。对这些分运货物在关税和海关程序方面的待遇当然取决于进口国的国内立法。 4. 每批货物的完税价格应以有关的实付成交或应付价格为基础，亦即以买方为进口货物向卖方或为了卖方利益已支付或将支付的，反映在交易各方达成的交易货款总额为基础，并经过恰当的比例分摊。 5. 如果分运货物有单独发票，必须在发票的款额中计入按第 8 条确定的调整因素（如果合适，应对整笔交易进行分摊），并以同样的方法对待扣除的因素。 6. 如果分运货物没有单独发票，可以采用合理的且符合公认会计原则的方法，对交易的总额进行分摊以确定其完税价格。 7. 一般来说，在这些情况下，由于上述进口业务常常包括诸如工程费用之类的因素或价格复审条款（见评论 4.1），每批到货的完税价格不能在进口时最终确定。如果需要推迟确定最终的完税价格，进口商可以按本《协定》第 13 条的规定从海关提取货物。在货物分批进口的情况下，由海关估定的临时关税税额可以在确定最后的完税价格时加以修正。

表 5-5（续 1）

规定	内容
《WTO 估价协定》评论 6.1 按本《协定》第 1 条对分运货物的处理	**由于数量原因而分运** 8. 在因数量原因而分批装运的情况下，假设一笔交易涉及的某一数量的货物是按双方约定的单位价格出售的相同单位货物或成套货物。装运日期意义预先确定，或在双方方便时才确定。 9. 鉴于在使用本《协定》第 1 条时，既无须考虑达成销售合同的时间，又无须考虑合同签订之日后市场波动的情况（见解释性说明第 1 条第 1 款），货物完税价格的确定应以实付或应付价格为基础。 10. 然而，如果在被估贸易正常商业惯例的合理时间内，分运货物没有进口，海关可以考虑对实付或应付价格进行必要的审查，特别要核实是否有修订原始价格的补充协定。可以根据本《协定》第 13 条、第 17 条采取这一行动。 11. 单位价格可能取决于交易中单一货物的总数，但是，仍然不适用第 1 条第 1 款（b）项。在第 1 条第 1 款（b）项的解释性说明中列举了这么一个案例：在买方同时购买规定数量的其他货物的条件下，卖方确定进口货物的价格，它规定了根据一项交易中其他货物，而不是相同货物确定价格的有关原则。 **由于地理分布原因而分运** 12. 事实上，这种情况是国际贸易中的惯常做法。在一项交易中，买方同意向卖方购买某一数量的货物，这些货物分批装运至两个或两个以上港口或同个进口国内的多个海关，或者分运至两个或两个以上的进口国。进口至每一海关或每一关境的部分货物的完税价格必须根据本《协定》第 1 条，依据该部分货物的实付或应付价格加以确定。 **结论** 13. 鉴于上述关于对待不同类型分批装运货物的分析可以看出，只要符合第 1 条的要求，第 1 条中的估价方法可以适用于分运货物。
《WTO 估价协定》评论 8.1 对一揽子交易的处理	1. 本评论所指的一揽子交易，是就一组相关货物或一并销售的一组货物同意支付一笔总的款额的协议，货物销售的价格是唯一的考虑因素。 2. 存在潜在估价难题的一揽子交易范例： A. 不同的货物以单一的总价销售并开具发票； B. 已售的不同质量货物以单一总价开具发票，其中仅部分货物申报供进口国国内使用； C. 在同一交易中的不同货物，仅因关税或其他原因需单独定价开具发票。 **估价处理** ——不同的货物以单一的总价销售并开具发票 3. 假设第 1 条的其他条件均已符合，不同货物采用单一总价的事实不能成为妨碍使用成交价格的理由。在某些情况下，货物因税率差异而归于不同的税目，但是经过磋商为一揽子交易组成部分的总价，只要其符合本《协定》第 1 条的要求，就不能仅仅因税则归类的原因而予以拒绝使用。

表 5-5（续 2）

规定	内容
《WTO 估价协定》评论 8.1 对一揽子交易的处理	4. 此外，还存在着一个实际问题，即如何在可归于不同税目的货物中合理分摊总价。可以使用几种方法，只要这些方法可以有效地表明一揽子交易中各种货物的价格，如包括使用以前进口的相同或类似货物的价格或价值。进口商也可以提供以公认的会计制度为基础的合理价格明细。 ——已售的不同质量货物以单一总价开具发票，其中仅部分货物申报供进口国国内使用 5. 在这种情况下，问题的性质是不同的，可由下述范例加以说明： 一批寄售货物由三种不同质量的货物组成（高质量 A、一般质量 B 和低质量 C），按每千克 100 货币单位的统价购得。在进口国，买方申报高质量 A 货物供国内使用，每千克的单位价格为 100 个货币单位，而其他货物申报为用于其他用途。 6. 鉴于是对不同质量的成套货物已经约定了实付或应付总价，申报供国内使用的货物不存在销售价格。因此不适用本《协定》第 1 条。 7. 但是在满足一定条件时，《协定》第 1 条仍可适用，例如在上述范例中，是以构成这批交付货物的每种产品在一揽子货物中所占指定的平均占比（如 1/3 或 1/2）进行申报，而不是以三种质量货物其中的一种申报进口投入国内使用。根据第 1 条的规定，以申报进口投入国内使用的货物占所购货物总量的比例，得出该部分货物按总价比例计算出来的价格，可以作为成交价格的基础。 ——下述范例说明了在同一交易中的不同货物，仅因关税或其他原因需单独定价开具发票的情况 产品 A 和 B 按 100 个货币单位的价格以一揽子交易方式购得。为了减少进口商的关税税负，开具的发票列明产品 A 的价格为 35 个货币单位，而产品 B 的价格为 65 个货币单位（产品 A 税率为 15%，产品 B 税率为 6%）。这样，并未改变应付给卖方的交易总价。 8. 在上述范例中，确定或修改价格（有些上浮，有些下浮）是为了不恰当地减少关税税负。这种做法也可能用来对付反倾销措施或配额。 9. 虽然上述这种操作价格的情况需要海关执法当局进行处理，但仍需对进口货物实施估价。 10. 在这一方面应该注意，有关范例中的价格互抵现象代表着不能确定被估货物价格的一项要件或因素。因此，应适用第 1 条第 1 款（b）项的规定，而不能以该进口货物的成交价格为基础进行估价。

二、中国关于一揽子交易的规定

表 5-6　中国关于一揽子交易的规定

规定	内容
《中华人民共和国进出口关税条例》	**第十八条**　进口货物的完税价格由海关以符合本条第三款所列条件的成交价格以及该货物运抵中华人民共和国境内输入地点起卸前的运输及其相关费用、保险费为基础审查确定。 进口货物的成交价格，是指卖方向中华人民共和国境内销售该货物时买方为进口该货物向卖方实付、应付的，并按照本条例第十九条、第二十条规定调整后的价款总额，包括直接支付的价款和间接支付的价款。 进口货物的成交价格应当符合下列条件： （一）对买方处置或者使用该货物不予限制，但法律、行政法规规定实施的限制、对货物转售地域的限制和对货物价格无实质性影响的限制除外； （二）该货物的成交价格没有因搭售或者其他因素的影响而无法确定； （三）卖方不得从买方直接或者间接获得因该货物进口后转售、处置或者使用而产生的任何收益，或者虽有收益但能够按照本条例第十九条、第二十条的规定进行调整； （四）买卖双方没有特殊关系，或者虽有特殊关系但未对成交价格产生影响。
《审价办法》	**第五条**　进口货物的完税价格，由海关以该货物的成交价格为基础审查确定，并且应当包括货物运抵中华人民共和国境内输入地点起卸前的运输及其相关费用、保险费。 **第七条**　进口货物的成交价格，是指卖方向中华人民共和国境内销售该货物时买方为进口该货物向卖方实付、应付的，并且按照本章第三节的规定调整后的价款总额，包括直接支付的价款和间接支付的价款。 **第八条**　进口货物的成交价格应当符合下列条件： （一）对买方处置或者使用进口货物不予限制，但是法律、行政法规规定实施的限制、对货物销售地域的限制和对货物价格无实质性影响的限制除外； （二）进口货物的价格不得受到使该货物成交价格无法确定的条件或者因素的影响； （三）卖方不得直接或者间接获得因买方销售、处置或者使用进口货物而产生的任何收益，或者虽然有收益但是能够按照本办法第十一条第一款第四项的规定做出调整； （四）买卖双方之间没有特殊关系，或者虽然有特殊关系但是按照本办法第十七条、第十八条的规定未对成交价格产生影响。

CHAPTER **6**

第六章

大宗商品海关估价
案例解析

第一节
进口大豆基差交易估价案例解析

一、贸易事实

某进口商进口大豆现货有两种定价方式：

一是直接在芝加哥期货交易所（CBOT）上通过买方点价（又称叫价）买进大豆期货合约，从而确定进口大豆的现货价格，该种定价方式与行业定价惯例相符。

二是转单定价（也称"场外交易"）。转单定价的具体操作方式为：进口商从事期货套期保值账户上有很多买进的大豆期货合约，其选择其中一定数量的多单按照原来的买入价格将其转给卖方（为降低进口现货大豆的关税成本，其一般选择点价价格较低的期货合约多单转单），要求卖方按照期货合约转单的价格为其提供大豆现货。

该进口商进口大豆，自××××年××月××日开始在期货账户上从事芝加哥期货交易所（CBOT）期货大豆的合约买卖，经过一个时期，该进口商共计进行了 H 手的期货合约买卖，由于此时期内大豆价格呈连续上涨走势，该进口商在这个时期内的买入价格差异较大，由 × 美分／蒲式耳至 × 美分／蒲式耳不等，当该进口商需要进口大豆现货时，其与卖方（境外某出口商）于上述期间内签订的合同，约定大豆的进口价格为基差 × 美元＋买方点价的 ×××× 年 ×× 月期芝加哥期货交易所（CBOT）期货大豆价格。上述时期内，该进口商将期货账户中 M 手价格为 × 美分／蒲式耳的多单转给了买方（境外某出口商）；上述时期末，该进口商将期货账户中 N 手价

格为 × 美分 / 蒲式耳和 K 手价格为 × 美分 / 蒲式耳的多单转给上述买方。该进口商上述 H 手转单的平均价格为 × 美分 / 蒲式耳。根据芝加哥期货交易所（CBOT）市场的实际价格走势，如果该进口商签约后不转单给买方（境外某出口商），而是通过卖方（境外某出口商）直接在芝加哥期货交易所（CBOT）市场点价买入多单的话，买入价格只会略低于 × 美分 / 蒲式耳。

该进口商转单的条件是要求买方（境外某出口商）以其转单价格为其提供大豆现货。对卖方（境外某出口商）而言，其承担的义务是用其在期货市场的空头平掉该进口商转的多单，同时为该进口商提供大豆现货。无论大豆价格如何变化，也不管该进口商转单价格高低，卖方（境外某出口商）卖出期货空头的价格与其买入大豆现货的价格是相同的，其利润通过约定的基差锁定。该进口商于上述时期后陆续进口上述 Y 手大豆现货，该合同实际进口数量为 S 吨。

大豆贸易合同（转单定价）流程

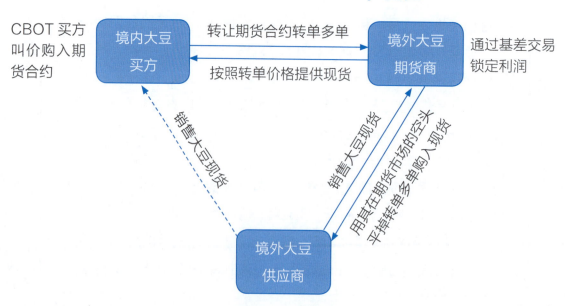

二、成交惯例

（一）大豆期货交易的基本运作方式

期货市场，是指按照一定的程序，通过商品交易所和经纪商买卖货物、有价证券、股票指数、期权等商品的远期交割合约的一种市场。在期货市场内交易的"商品"并非实际货物，而是各种各样的"期货合约"。期货合约是交易所为便于期货交易而制定的标准的具有法律效力的合同凭证。期货合约的计数单位为"份"，也称为"手"，对应某一固定数量的商品。例如，美国芝加哥期货交易所（CBOT）每份大豆合约对应 × 蒲式耳（约等于 × 吨）大豆。期货交易者可以通过期货合约的对冲赚取期货交易利润，具体分为两种形式：一是"买空"，即交易者买入期货合约，待价格上涨后以较高价格卖出期货合约，从而赚取利润；二是"卖空"，即交易者在不持有期货合约的情况下，在市场内卖出期货合约，待价格下跌后以较低的价格买入相应数量的合约对冲平仓，从而赚取利润。

（二）大豆期货定价的基本原理：基差交易

基差交易，也称期货定价、购买升贴水，是指买卖双方以一定时期内期货市场上的商品价格为基础，加上双方协商确定的价差（即基差，又称升贴水），从而确定现货价格并进行现货商品买卖的定价方式。在这种定价方式下，买卖双方在签订合同时，并不直接确定合同价格，而是协商确定合同现货与期货合约的基差，并指定以特定市场的特定商品合约作为定价基础。合同签订后，在基差交易中，买卖双方中的一方或者双方可以通过点价选择以期货合约的某一特定成交价格作为计算现货合同价格的基础，从而掌握合同定价的主动权，获得对自己更为有利的价格。根据买卖双方在基差交易中的作用，可分为买方叫价、卖方叫价、双方叫价等形式。

（三）我国大豆进口商普遍采用的行业惯例

为掌握定价的主动权，有效规避价格波动带来的风险，目前我国大豆进口商绝大多数采用买方叫价基差交易方式确定进口大豆的成交价格，其定价公式为：

现货价格 = 基差 + 相应月份的 CBOT 大豆期货价格

一般情况下合同中确定基差价格，但不事先选定期货价，而是规定交易的一方（多为买方）在双方允许的时间内选定期货价格，合同执行中，进口商根据大豆国际期货市场的价格走势在规定的期限内确定买入相应月份的期货合约价格（点价），并以委托单的形式告知供应商，经双方确认，进口商点价的价格即为选定的期货价，加上基差并经数量折算后，形成购买现货的价格。大豆买卖合同签订后，卖方承担的义务是拥有芝加哥期货交易所（CBOT）市场大豆期货的空头和为买方提供大豆的现货，买方的义务是买入芝加哥期货交易所（CBOT）市场大豆期货的多单并购入大豆现货，从而使期货市场平仓。

三、估价思路

随着我国对外贸易的迅速发展以及国际化进程的加快，买卖双方对进口货物价格的定价方式也突破单一的现货交易模式，日趋多样化。同时，有的企业未取得直接从事境外期货业务的资质，但出于套期保值的需要，往往通过境外有资质的公司在境外期货市场开立账户，并以委托的方式进行交易。面对日益复杂的国际交易环境，海关应加强对大宗散货定价方式的关注，包括对交易方式、定价模式、行业惯例、市场行情等进行全面审查。企业亦应了解海关审价要求，避免因不了解相关要求影响企业信誉。

该案的关键在于特殊交易模式对成交价格影响的确认。海关首先根据对大豆进口行情的了解，确认该进口商进口价格偏低，然后通过深入的市场调研摸清大豆进口的交易方式、定价模式、行业惯例，最后将该进口商进口的大豆成交价格确定方式及价格，与调研掌握情况做比对，准确判断该进口商的转单定价方式影响进口大豆成交价格。

四、估价方法

《审价办法》第十条规定："有下列情形之一的，应当视为进口货物的价格受到了使该货物成交价格无法确定的条件或者因素的影响：……（三）其他经海关审查，认定货物的价格受到使该货物成交价格无法确定的条件或者因素影响的。"

在该案中，买方（该进口商）以转单定价方式签订的进口大豆现货合同，实际是建立在期货市场向卖方（境外某出口商）以较低价格转单大豆期货多头为前提的，即如果该进口商不以低于同期期货市场价格向买方（境外某出口商）转单提供大豆期货多头，买方（境外某出口商）根本不可能以明显低于同期大豆期货的价格向该进口商提供大豆现货。以该进口商上述合同进口大豆为例，其在大豆期货价格高涨的时候，之所以能够与买方（境外某出口商）在上述时期内以平均价格为 × 美分 / 蒲式耳的较低价格签订进口价格为基差 × 美元 + 买方点价的 ×××× 年 ×× 月期芝加哥期货交易所（CBOT）期货大豆价格的现货进口合同，是因为其必须按照现货合同价格向境外某出口商提供期货多单，否则境外某出口商只能通过直接在芝加哥期货交易所（CBOT）市场点价方式买入多单，但买入价格已接近 × 美分 / 蒲式耳。

对此，进口商将其在期货市场上的大豆多单按照买入价格转单给卖方，并按照转单价格加基差确定进口大豆现货价格，其定价方式使进口大豆的成交价格受到无法确定的条件或者因素的影响，按照《审价办法》第八条的规定，所述转单方式进口大豆价格不符合成交价格条件，海关应另行估价。

根据《审价办法》第六条规定，海关与该进口商进行了价格磋商，由于进口大豆采用"现货价格＝基差＋相应月份的 CBOT 大豆期货价格"的方式定价，海关与该进口商无法掌握其他大豆进口企业的基差水平，也无法确定其是具体采用哪个月份的芝加哥期货交易所（CBOT）大豆期货价格，同时经过查询报关单库，也未发现同时或大约同时有相同原产地大豆进口，所以排除相同、类似货物成交价格估价方法。由于该批进口大豆在国内还未销售，海关与该进口商也未掌握其他货物在境内销售价格，无法使用倒扣价格方法估价，计算价格方法涉及境外采证，也无法采用。因此，海关在排除使用相同或类似货物价格估价方法、倒扣价格估价方法、计算价格估价方法后，依据该进口商每票货物的进口时间、进口数量等具体情况，按照合理方法对进口货物实施估价。

根据大豆期货定价的基本原理以及我国大豆进口商普遍采用的行业惯例，海关决定以该进口商与卖方签订的现货进口合同规定的基差＋买方点价期内芝加哥期货交易所（CBOT）期货大豆价格为基础实施估价。

经过对该进口商进口合同的签订时间、执行时间、同期芝加哥期货交易所（CBOT）期货价格走势以及转单前对应多单买入价格进行了解，确定了其以转单定价方式进口大豆的价格及相应时间点。经磋商，海关以合同规定基差及同期芝加哥期货交易所（CBOT）期货市场大豆最低成交价格为基础，综合考虑其进口数量、商业水平等因素，对其以转单定价方式进口大豆的完税价格进行了估价，共补征税款 × 万元。

第二节
大豆远期信用证估价案例解析

> 信用证是一种常见的国际结算方式，费用高且结构复杂，尤其是远期信用证，怎样准确、合理地预估费用，并计入货物实付应付价格中，是一门值得研究的学问。

一、交易流程

境内大豆深加工企业 A 公司委托境内母公司 B 向境外 C 公司购买黄大豆，买方 B 公司有权决定以人民币定价。

如果采用该计价方式，则买方 B 公司将申请开立以人民币计价及支付期限最多为 360 天的远期信用证，其格式须为卖方所接受。

B 公司向 C 公司开具 360 天的远期信用证，所有银行费用由申请人承担。

同时，A 公司与 B 公司签订融资协议。

A 公司向 B 公司融资的标的是本次合同项下进口大豆的货值，期限 360 天，列明利率和利息费用。

B 公司收到 A 公司支付进口黄大豆货款时，B 公司按信用证要求的保证金存入开证银行，该保证金足以确保信用证到期时的现金可以支付信用证到期货款及利息。

开证银行直接使用保证金本息支付给信用证受益人（卖方）。

交易完成后，对 B 公司的应付款项冲减当年财务费用，与对开证银行的应收款项同时反向冲销。

付款条件为在船舶到达卸货港之前，以电汇 T/T 预付款方式支付发票的全额货款。付款在提单日后 30 日内凭下列单证生效……

二、报验状态

B 公司开立远期信用证是在这个融资安排下的支付工具，信用证开证行承兑后，会履行货款以及融资利息的支付义务。

B 公司在向海关申报该批进口货物时，提供书面的融资协议和利率不高于当地此类交易通常应当具有的利率水平的证明材料，利率费用已单独列明，且没有融资安排的相同或者类似进口货物的价格与进口货物的实付、应付价格接近。

因此，将该利息费用作为减项填报在报关单的"杂费栏"中。

三、估价思路

合同中所谓的利息费用，是 B 公司选择远期信用证支付货款产生的，本质上是货物成交的一个条件。

如果买方不支付该利息费用，则无法与卖方完成远期信用证支付条件下的货物交易。

买方 B 公司与卖方 C 公司之间并没有因货款而产生融资行为。

A 公司的企业账簿中向 B 公司转账的记录显示

在代理方 B 公司开出远期信用证后不久，A 公司就已经将进口黄大豆贸易合同中补充协议所称的"融资金额"的全额转账给 B 公司。

无论是 A 公司还是 B 公司，相关的会计账簿中没有反映与该案相关的融资行为。

四、估价方法

首先确定 A、B、C 公司之间是否存在融资行为。

B 公司开出远期信用证后不久，A 公司就已经将进口黄大豆贸易合同中补充协议所称的"融资金额"的全额转账给 B 公司。

无论 A 公司和 B 公司都不存在融资行为。

进口黄大豆合同的"利息费用"是买方为进口该货物向卖方实付、应付价款的一部分。

买卖双方不存在为购买进口货物而融资产生的利息费用，不属于《审价办法》第十五条规定的关于利息费用不计入完税价格中的情况。

五、价格认定

> 依据《审价办法》第七条规定

> 该批货物所涉及的利息费用应全部计入完税价格。

六、综评

> 要明晰为购买进口货物而融资产生的利息费用，与开具远期信用证所产生的利息费用是不同的概念。

> 前者是一种买卖双方的融资行为，不是买卖双方针对进口货物的价格条款。

> 后者是买方为进口货物向卖方实付、应付价款的一部分，是成交价格的基础。

第三节
期货大豆买卖盈亏估价案例解析

芝加哥期货交易所（CBOT）大豆期货价格是国际大豆贸易的基准价格，被广泛使用。我国是大豆净进口国，因此，芝加哥期货交易所（CBOT）大豆期货价格对我国大豆进口价格有很大影响，价格波动性大，产业链长，参与企业多，影响范围广，相关进出口企业避险需求和投资需求比较强烈。

一、交易流程

境内 A 公司与境外 B 公司签订大豆进口合同。

约定大豆价格由 A 公司委托 B 公司在芝加哥期货交易所（CBOT）进行点价确定。

其间还委托 B 公司在芝加哥期货交易所（CBOT）进行大豆期货套利保值操作，形成期货套利盈亏。

最终该合同项下进口大豆的成交价格由合同约定交易所大豆点价与期货大豆交易盈亏冲减价值来确定。

二、商品定价

点价是按照大豆买卖合同为确定大豆价格进行的操作。

该批大豆进口时，按大豆期货盈亏冲减后的价格向海关申报。

点价买入和卖出是合同价格形成的过程，所导致的盈利或者亏损实际并未分别单独核算，都是合同成交价格的组成部分。

三、估价思路

A 公司委托 B 公司进行的点价实际上是两种不同性质的操作。

一是为确定进口大豆价格而进行的点价操作。

二是期货买卖，B 公司在期货市场上的交易行为是期货套利保值行为，是与进口货物独立且不相关的操作。

依据《审价办法》第七条规定

进口货物的成交价格，是指卖方向中华人民共和国境内销售该货物时买方为进口该货物向卖方实付、应付的，并且按照本章第三节的规定调整后的价款总额，包括直接支付的价款和间接支付的价款。

核心是"为进口该货物向卖方实付、应付的"。

基础是"卖方向中华人民共和国境内销售该货物时"。

由此得出

涉及的期货合约交易与该批进口货物无关。

四、估价办法

依据《审价方法》第五条规定

进口货物的完税价格，由海关以该货物的成交价格为基础审查确定，且应当包括货物运抵中华人民共和国境内输入地点起卸前的运输及其相关费用、保险费。

期货盈亏是套利保值操作的结果，与进口货物无关，海关不接受买方申报的进口大豆涉及期货买卖盈减的价格。

五、价格认定

根据《审价办法》第五条、第七条的相关规定

大豆期货交易中产生的盈亏不能作为购买进口大豆实付、应付价款的一部分。

为消除计算期货操作盈亏时不同平仓模式可能计算出不同的期货盈亏数值对进口大豆完税价格计征的影响。

以该批进口大豆买入点价为基础计算完税价格。

六、综评

在现货买卖中，交易双方应于买卖条件达成一致后，立即依照契约协议履行交割，所谓"一手交钱，一手交货"，即是指现货市场的买卖。

期货交易则是由卖方或空头于交割日以事先约定的价格，将特定数量及品质的商品交付予买方或多头，并建立合约关系，合约到期以前，可以买卖合约，也就是"先买卖，后交割"的交易行为。

期货交易的目的不是到期获得实物，而在于转移价格风险或是进行投机获利，是金融操作工具。

第四节
进口石油申报价格不符市场行情估价案例解析

一、贸易事实

海关调取了某公司某年在大连口岸进口石油所有报关记录，通过中华商务网了解相关行情，查阅其他口岸同期进口石油价格资料，发现某时间段散装进口韩国产石油价格应在 CIF X 美元 / 吨左右，并呈不断上涨之势，而该公司同期申报价格则为 CIF Y 美元 / 吨，长期不变且明显偏低，存在较大价格风险。

海关向该公司制发了"价格质疑通知书"，要求其提供进口境外品牌石油代理协议、签约情况书面说明、合同、发票等关键单证进行全面审核。

在审核该公司提供的销售代理合同、产品供货合同、供货确认函、进口合同等单据过程中，海关发现该公司所提供的单据存在以下矛盾和疑点：

一是进口合同上注明的出口商地址为 A 国。但是，该公司后来进一步提供的供货确认函中，表明该出口商所在国为 B 国。可见该公司在申报进口时为避免引起海关注意，在相关合同单据中故意隐瞒了该出口商所在国。

二是销售代理合同为某年与境外供货商签订，其中注明境外供货商指定的出口商，虽然该公司未能提供其与境外供货商签订的销售代理合同，但该公司提供的该年出口商签订进口合同与原销售代理合同和贸易惯例不符。另外，该公司提供的该出口商发来的供货确认函上双方是用中文沟通并进行价格确认。

三是经从互联网查询，出口商注册地址为众多国际离岸公司所在地。

因此，海关再次启动价格质疑程序，要求该公司对其申报价格明显低于相同货物同期市场行情做出合理解释，并提供出口商离岸公司情况。但该公司在规定期限内，未能提供进一步解释说明及相关资料证据。

二、成交惯例

该公司提供了某年 6 月其与境外供货商签订的销售代理合同。附件的产品供货合同中规定，境外供货商指定出口商。同时，该公司还提供了境外供货商颁发给其另一年度境外品牌石油代理证书及该公司和具体出口商签订的石油购买合同。合同中规定该年 5 月进口石油价格为 CIF Z 美元 / 吨，并规定 6 至 11 月进口石油的"最终执行价格"的具体确定参见双方每月供货确认函。该公司书面说明中解释由于国际市场行情不断上涨，境外供货商改变了原价格全年锁定方式，变为供货数量确定，供货价格每月确认方式。

石油贸易合同流程

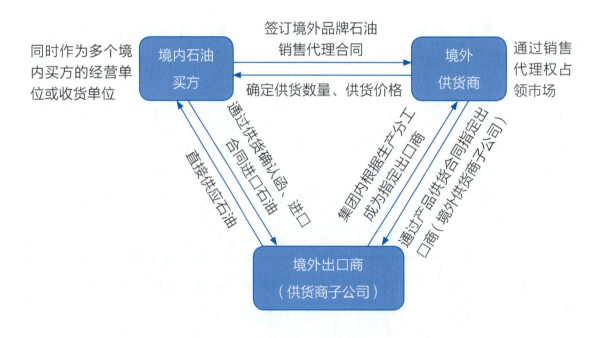

三、估价思路

石油交易具有其独特的行业惯例和贸易模式，较多存在招标交易、大合同交易、特殊关系交易等情况。买卖双方关系和成交的方式、数量、条件等均会对价格造成影响。而这些因素又往往难以在通常的报关单证中反映出来。因此，当企业申报价格大幅低于行情或海关对申报价格的真实性、准确性有疑问时，应通过多种渠道收集价格信息，启动质疑程序进一步了解货物的成交过程并收集相关单证，以进一步分析判断申报价格的合理性。

招标交易

当企业解释，由于进口石油为中标货物而导致申报价格低于行情时，可要求企业提供与炼厂或其经销商签订的购货合同、炼厂的授权书、中标通知书等单证作参考。其中会载明工程名称、石油规格数量、价格等信息。

大合同交易

以大合同方式成交，由于数量较大，通常也可以获得较低价格。但是，在价格波动剧烈，行业中签订大合同大为减少的情况下，对于企业提供的大合同，应进一步了解其签订的原因及合理性。

特殊关系交易

对于买卖双方存在特殊关系的，应重点了解买卖双方的关系、价格制定的方法、利润分配及价格风险承担情况等，以核实特殊关系是否影响价格。

《审价办法》第四十四条和第四十五条赋予了海关经过审查，对申报价格的真实性、准确性有疑问时或者认为买卖双方之间的特殊关系影响成交价格时，可以进行估价的权力。价格质疑是海关审价工作的有力手段，使海关能够把握审价工作主动权。海关在对石油等具有独特行业惯例和复杂贸易模式的商品进行审价时，应充分运用《审价办法》第四十四条和第四十五条赋予海关的质疑权和磋商权，找准价格偏低的风险点，多渠道、多角度收集价格信息，严格履行估价程序，锁定相关证据，要求纳税义务人提供解释说明及相关资料证据，如果纳税义务人不能提供，或即使提供了海关经审核仍然有理由怀疑报价的真实性、准确性的，海关即可不接受其申报价格而按照《审价办法》第六条列明的方法另行估价。这样才能更好地掌握审价工作主动权，简便有效地开展审价工作。

本案中，海关在提出申报价格与市场行情存在疑点的同时，经过单证审核就离岸公司情况再次提出价格质疑，该公司在规定期限内，未能提供进一步解释说明及相关资料证据，使海关不接受其申报价格而按照《审价办法》第六条列明的方法另行估价的理由更加充分。在履行价格质疑和磋商程序后，海关充分收集了使用合理方法估价的证据，从程序上和证据上使本案最终得以成功补税。

本案中，海关首次启动质疑，该公司提供了相关单证和资料，海关从中发现了出口商为离岸公司等新的疑点，据此再次进行质疑，该公司最终未能提供进一步解释说明及相关资料证据，海关据此得以突破，不接受申报价格另行估价。离岸公司参与贸易运作可以给企业带来一定的贸易便利，但同时企业也利用离岸公司规避国家外汇管理和进出口税收。离岸公司脱离贸易实际任意调整交易价格，不但截流外汇使其失去监管，而且给进出口税收带来极大影响，严重损害了进出口活动的真实性和合法性。

离岸公司参与贸易运作给海关传统的监管理念和模式提出了新的挑战。如果不能掌握完整的贸易过程，包括离岸公司运作情况和收付汇情况，仅就国内企业与离岸公司从事的贸易过程来看，企业经营似乎合法正常。但是，实际情况证明，由于离岸公司的参与，企业规避了海关的进出口税收。

由于越来越多的企业利用离岸公司参与贸易运作，海关应加强对相关商品的审价力度，充分利用价格质疑等海关估价手段，加大贸易调查和稽查力度，及时掌握国际贸易的新动向和潜规则，深入研究其对海关税收征管工作的影响，完善海关监管，规范企业经营行为，防止国家税款流失。同时，加强与外汇管理部门和税务部门合作，共同应对离岸公司问题。

四、估价方法

经价格磋商采用合理方法估价

依据《审价办法》第四十五条第（一）项规定，"海关制发《价格质疑通知书》后，有下列情形之一的，海关与纳税义务人进行价格磋商后，按照本办法第六条或者第四十一条列明的方法审查确定进出口货物的完税价格：（一）纳税义务人或者其代理人在海关规定期限内，未能提供进一步说明的"，由于该公司在规定期限内，未能提供进一步解释说明及相关资料证据，海关不接受其申报价格而按照《审价办法》第六条列明的方法另行估价。

由于海关掌握了被估进口货物同期市场行情，以及单证审核中发现出口商为离岸公司等有力证据，指向该公司申报价格明显不合理，因此在进行磋商估价时，充分掌握了主动。海关经调取同期全国进口石油报关单记录，发现同期仅有该公司进口境外品牌石油，海关无法掌握而该公司也未能提供相同或者类似货物的成交价格资料，所以无法使用相同或者类似货物成交价格估价方法。同时，该公司也未能向海关提供使用倒扣价格估价方法和计算价格估价方法所需相关数据资料。因此，海关最后采用合理方法进行估价。

在估价过程中，海关经与该公司磋商，考虑到由于港口条件和距离关系，货物进口到大连港口与到华东地区口岸运杂费存在差异的实际情况，最终以海关掌握的同期境外品牌石油市场行情和该公司在华东口岸的进口价格为基础，对该公司及其关联公司在某时间段进口的境外品牌石油分别按 CIF X 美元 / 吨、CIF Y 美元 / 吨、CIF Z 美元 / 吨估价，补税 M 万元。

第五节
入境保税仓储原油估价案例解析

> 随着我国海关特殊监管区域和保税监管场所种类和政策功能逐步拓展，由特殊监管区域或保税监管场所内销的保税物流货物在运出区域或场所前的交易方式日趋多样化，保税大宗货物内销规模不断扩大，货物出入特殊监管区域或保税监管场所，海关使用不同规定进行价格管理。

一、交易流程

境内 B 公司与境外 A 公司签订贸易合同。

采用 CFR 我国某地港口的贸易术语。

合同所有权和风险条款规定

卖方在装货港按规定履行交货义务。

自货物在装货港通过船舶输油管连接时，风险和所有权由卖方转移至买方，卖方所有责任停止，而买方开始承担所有责任。

B 公司在货物存入保税仓库前已经取得该货物的所有权，属于境内企业在境外将货物买断后运入境内保税仓库进行保税存储情形。

两个月后，国际市场原油大涨，B 公司申报货物出仓征税，货物所有权依然属于 B 公司。

二、报验状态

原油出仓前后，其所有权没有发生变化。

B 公司只是通过办理申报征税手续使货物从保税状态变为国内状态。

该批货物办结保税货物征税后，才能进入国内市场销售，没有内销单证，征税申报价格为当初 B 公司与境外 A 公司签订贸易合同的成交价格。

三、估价思路

依据《中华人民共和国海关审定内销保税货物完税价格办法》第十一条规定

B 公司向海关申报的价格是货物进入保税监管仓库之前的购买价格，不存在入境内销行为，不存在内销价格。

海关特殊监管区域、保税监管场所内企业内销保税物流货物，海关以该货物运出海关特殊监管区域、保税监管场所时的内销价格为基础审查确定完税价格……

四、估价方法

依据《中华人民共和国海关审定内销保税货物完税价格办法》第十三条规定，内销保税货物的完税价格不能依据该办法第四至十二条规定确定的，海关必须依次采用相同货物价格法、类似货物价格法、倒扣价格法、计算价格法、合理方法进行估价。

由于货物成分含量复杂，企业与海关都无法找到与该货物同时或大约同时向境内销售的相同或类似货物价格，排除使用相同或类似货物估价方法。

由于该货物在国内未完成销售且无法获得境外相关数据，排除倒扣价格法和计算价格法。

经海关与企业磋商，采用合理方法进行估价。

五、价格认定

结合当期国际原油市场价格走势，结算单价（美元/桶）=ICE布伦特原油当期期货价格+升贴水18美元/桶，计算期为当期前后5个工作日的平均计算单价，以此为基础重新计算保税货物出区内销货物完税价格。

六、综评

近年来，保税监管场所仓储物流业务和海关特殊监管区域保税业务蓬勃发展，保税货物内销规模不断扩大。

区域内企业在境外将货物买断后入区域或场所仓储。

境内区外企业在境外将货物买断后委托区内物流企业进行入区保税仓储。

在向海关申报出区时，如果不存在销售行为，货物所有权不发生改变，就不存在保税货物出区内销价格，应按照规定实施估价。

第六节
液化天然气估价案例解析

LNG 属大宗商品，其运输及相关费用比较复杂、种类繁多，除运输过程中产生的基本费用和各种附加费外，还有多个服务合同涉及的拖轮费、引航费、船舶代理费等港口各项费用。全面了解运输过程、各个合同的服务项目内容和时间节点，至关重要。

一、贸易流程

A 公司	LNG 买方
B 公司	LNG 卖方
C 公司	境内拖航和系泊服务商
D 公司	境内 LNG 接收站和拖轮服务商
E 公司	境内为运输 LNG 船舶进境抵靠及出境离开码头等提供引航服务商
F 公司	境内船舶代理服务商

A 公司 —— 签署"LNG 销售与购买协议" 成交价格为 FOB —— B 公司

A 公司 —— 签订"拖航、系泊及海工维护服务合同" 提供拖船、系泊及海工维护服务 根据合同 A 公司向 C 公司支付服务费用 —— C 公司

服务价格包括资本支出、营运费用及燃料费用等部分，C 公司每月向 A 公司开具发票并附有费用明细，财务科目为"期租拖轮费"。

资本支出

资本支出日费率为拖轮 X 元 / 服务船、带缆艇 Y 元 / 服务船，并根据国内银行年利率进行增减调整日费率。

资本支出

营运费用包括营运日费率和系泊服务人员工时费率，营运日费率为拖轮 X_1 元 / 服务船、带缆艇 Y_1 元 / 服务船，系泊服务人员组长工时费率包括正常工时费率 X_2 元 / 小时、组长超时费率 X_3 元 / 小时、系泊普通服务人员正常工时费率 Y_2 元 / 小时、普通服务人员超时费率 Y_3 元 / 小时，每年营运费用根据我国消费价格指数进行调整。

燃料费用

燃料费用由 A 公司按照双方认可的服务船在租用地点和停租地点所使用的所有燃料消耗量进行支付。

二、报验状态

A 公司依据"LNG 销售与购买协议"向海关申报合同约定价格和进口 LNG 的海运费及保险费。

"拖航、系泊及海工维护服务合同""LNG 接收站拖轮服务合同""LNG 运输船舶引航收费协议""LNG 船舶卸货港代理服务协议"合同项下所支付的期租拖轮费、引航费、船舶代理费、船舶港务费等，A 公司认为都为境内发生的费用，不构成完税价格部分，未向海关申报。

三、估价思路

A 公司与 C 公司签订"拖航、系泊及海工维护服务合同"，C 公司向 A 公司提供拖船、系泊及海工维护服务，服务费用包括拖航、系泊及 LNG 港口的海工维护服务，服务价格包括资本支出、营运费用及燃料费用等，其中海工维护服务为接收站设备日常维护工作，其费用与进口货物无关，由于 A 公司提供发票和费用明细为按日计算，且无法以客观量化数据区分引航费、拖航费、系泊费、海工服务费等费用。

依据"LNG 接收站拖轮服务合同"，D 公司服务范围包括向 A 公司提供拖轮和船舶进出港过程中引航服务、拖轮服务，D 公司每月向 A 公司开具发票，并附有 LNG 码头作业时间及附有费用明细，按年度开具燃油调整费发票。各项费用明细按船次、进出港分列明确。

A 公司与 E 公司 → 依据"LNG 运输船舶引航收费协议"，E 公司负责引航服务，包括 LNG 运输船靠、离收站码头，以及紧急情况下的移泊。E 公司每月向 A 公司开具发票，并附有引航及靠、离收站码头服务费用明细。

A 公司与 F 公司 → 根据"LNG 船舶卸货港代理服务协议"，F 公司服务包括 LNG 运输船靠港前跟踪船舶航行动态、完成进港申请、提供靠泊计划等工作，以及在港作业时提供船舶抵港报告、配合联检、办理离港工作。F 公司以船舶代理费名义（航次承包服务费和口岸协调费）按航次向 A 公司开具发票。

船舶港务费 → 船舶港务费是我国海事部门向靠泊在我国港口的外籍船舶收取的费用，A 公司依据"LNG 销售与购买协议"承担船舶港务费。

四、估价方法

根据《审价办法》第五条的规定

进口货物的完税价格，由海关以该货物的成交价格为基础审查确定，并且应当包括货物运抵中华人民共和国境内输入地点起卸前的运输及相关费用、保险费。

因此，境内港口起卸前的费用应调整计入进口货物完税价格。

五、价格认定

期租拖轮费

期租拖轮费是 LNG 运输船进港过程中的引航、拖航、系泊以及使用服务船而支付的燃料费，而海工维护服务是为接收站设备日常维护工作，其费用与进口货物无关，由于 C 公司所提供发票及费用明细按日计算，无法以客观量化数据对引航、拖航、系泊以及海工维护服务费用加以区分。

依据《审价办法》第五条的规定，海关将 A 公司支付给 C 公司的期租拖轮费和燃料费计入进口货物完税价格。

拖轮费

D 公司服务范围包括向 A 公司提供拖轮和船舶进出港过程中引航服务、拖轮服务，船舶进港过程的引航服务和拖航服务以及燃料费属于境内输入地点起卸前的运输及相关费用范畴，船舶离港过程的引航服务和拖航服务以及燃料费属于货物卸载完成后的费用范畴。

依据《审价办法》第五条的规定，进港过程的引航服务和拖航服务以及燃料费调整计入进口货物完税价格；离港过程的引航服务和拖航服务以及燃料费属于货物卸载完成后的费用，与进口货物无关，不计入进口货物完税价格。

引航费

A 公司支付给 E 公司的引航费，包括 LNG 运输船靠、离收站码头服务费以及紧急情况下移泊的困难作业费用。其中，LNG 运输船靠泊专用码头引航服务费及困难作业费属于境内输入地点起卸前的运输及相关费用范畴，LNG 运输船离泊专用码头引航服务费及困难作业费属于境内卸货后的运输及相关费用。

依据《审价办法》第五条的规定，LNG 运输船靠泊专用码头引航服务费及困难作业费调整计入进口货物完税价格，LNG 运输船离泊专用码头引航服务费及困难作业费不计入进口货物完税价格。

船舶代理费

A 公司向 F 公司支付的船舶代理服务费包括 LNG 运输船靠港前跟踪船舶航行动态、完成进港申请、提供靠泊计划等工作，在港作业时提供船舶抵港报告、配合联检、办理离港工作等产生的费用。由于该费用包含境内输入地点起卸前的运输及相关费用（LNG 运输船靠港前跟踪船舶航行动态、完成进港申请、提供靠泊计划等工作产生的费用），也有境内卸货后的相关费用（在港作业时提供船舶抵港报告、配合联检、办理离港工作等产生的费用），且 F 公司以船舶代理费名义（航次承包服务费和口岸协调费）按航次向 A 公司开具发票，无法对此费用以客观量化数据进行区分。

依据《审价办法》第五条的规定，A 公司向 F 公司支付的船舶代理服务费全部计入进口货物完税价格。

船舶港务费 —— A 公司依据"LNG 销售与购买协议"承担该船舶港务费，属于境内输入地点起卸前的运输及相关费用范畴。

依据《审价办法》第五条的规定，船舶港务费应调整计入进口货物完税价格。

六、综评

《审价办法》第五条的规定 —— 进口货物的完税价格，由海关以该货物的成交价格为基础审查确定，并且应当包括货物运抵中华人民共和国境内输入地点起卸前的运输及相关费用、保险费。

准确把握"境内输入地点起卸前"的定义是全面分析 LNG 运输船靠港、起卸、代理等各项费用发生的地点和时间节点等要素的关键，是确定各项费用是否计入进口货物完税价格的关键。

第七节
天然气转售收益估价案例解析

一、交易流程

签订 10 年的采购天然气合同

境内 A 公司 —— 境外 B 公司

按照合同中的公式确定采购价格

其中，天然气的国际行情变动仅是计价公式中的一个变量，其采购价格不完全符合国际天然气行情的变动。

同时，买卖双方又签订了一份补充协议。

该补充协议规定计价公式仅针对 A 公司年采购量在 S 万吨以内有效，采购量超过 S 万吨时，A 公司除按照公式支付相应货款外，还需向境外 B 公司卖方支付 A 公司境内销售超出 S 万吨部分所获得利润的一半，境内买方 A 公司以服务费的名义向境外 B 公司卖方支付。

二、估价思路

依据《审价办法》第八条的规定

卖方不得直接或间接获得因买方销售、处置或者使用进口货物而产生的任何收益。

买卖双方补充协议

关于买方与境外卖方平分进口天然气销售收益的约定，属于卖方直接或间接获得因买方销售处置进口天然气而产生的收益。

三、估价结论

依照《审价办法》第十一条第一款（四）的规定

将该转售收益计入进口天然气完税价格。

四、综评

国际天然气价格行情波动比较大，买卖双方依据国际市场天然气的行情，签订时间跨度较长的采购合同"长协合同"并约定结算定价公式。

按照国际惯例，买卖双方每年还要签订一个补充协议。

根据《中华人民共和国民法典》的相关规定，补充协议或合同附件是合同的组成部分，是买卖双方完整的约定。

第八节
进口润滑油跨国集团内部作价估价案例解析

润滑油基础油主要是矿务基础油，由原油提炼而成，是石油下游产品，其价格走势与国际原油价息息相关。

一、交易流程

境内 A 公司从境外 C 公司处购买润滑油。润滑油进口后，A 公司根据我国境内需求进行分包装并贴上标签销售给境内 B 公司。最后由 B 公司销往全国各地经销商，其间 A 公司只是对进口润滑油进行了分包装、贴标签儿等轻度加工，并没有对进口润滑油进行任何实质性的加工。

另外，境外 C 公司、境内 A 公司、境内 B 公司隶属同一境外集团关联企业。公司之间每个环节的销售价格都是以最后一个环节即 B 公司向非受控买方经销商的价格为基础制定的。根据集团制定的交易净利润法确定关联方 B 公司与关联方 A 公司的正常交易价格。

二、报验状态

以 B 公司向境内经销商的各种包装销售价格为基础确定其向 A 公司购买的价格，再由 A 公司销往 B 公司的价格来确定 A 公司向境外 C 公司进口润滑油采购价格。各种交易价格确定公式如下：

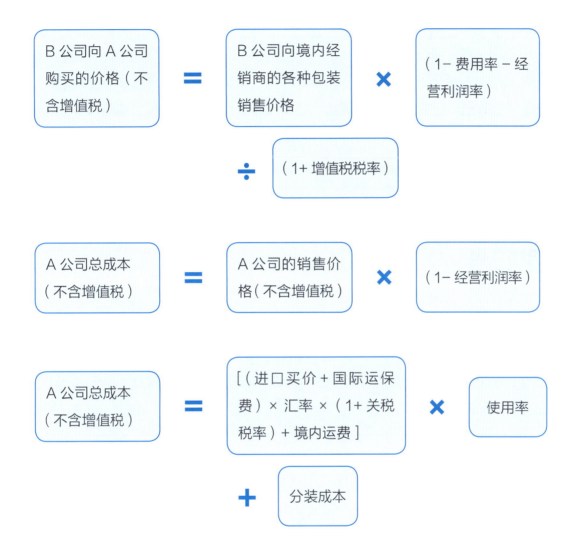

三、估价思路

通过对公司之间采购、销售环节价格计算公式各个要素合理性的审核，B 公司销售各种包装的润滑油推广和销售费用达到了销售额的 40%，与同级别其他品牌的润滑油销售推广和销售费用 15% 相比，高出很多，这不合理，与润滑油行业市场销售惯例不符，特殊关系影响了关联公司之间的采购、销售价格。海关对 B 公司销售环节利润及市场推广和销售费用不予接受。

四、估价方法

由于 B 公司销售环节利润及市场推广和销售费用不合理，导致 A 公司申报进口润滑油的价格受到了特殊关系的影响，不符合成交价格的条件。依据《审价办法》第六条规定，依次排除相同货物成交价格法、类似货物成交价格法、倒扣价格法、计算价格法 4 种估价方法之后，海关和企业经磋商，同意使用合理方法对进口润滑油进行了估价。

五、价格认定

按照国际公认的会计准则及我国的财务制度，对企业财务账册相应费用科目进行科学量化分摊，将 B 公司的市场推广和销售费用进行了调整，将前述 40% 的占比调低到 15% 的行业合理值，再按企业内部转移定价计算公式确定润滑油进口完税价格。

六、综评

跨国集团关联企业间的内部贸易价格多是采用转让定价的方式进行的。这种价格是基于跨国集团的整体利益和子公司的具体情况制定的，它不同于正常的公开市场价格，国际行情的变化对其影响不大。要准确把握境内非关联第一销售环节的企业交易售价，针对每项价格构成元素比对行业行规惯例，是判断是否符合独立交易原则的关键。

第九节
进口铁矿砂特殊关系影响成交价格估价案例解析

一、贸易事实

境内代理公司以一般贸易方式向海关申报进口 X 票 Y 吨巴西产铁矿砂。申报价格为 CIF A 美元 / 吨，低于合同签约日同期中华商务网提供的国际市场行情（巴西产铁矿砂，CIF B 美元 / 吨），海关在价格审核时发现其申报价格明显低于海关掌握的同期国际市场价格行情，遂对其进行价格质疑。经审查企业提供的说明及相关资料，发现该票货物买卖双方实际为境内实际买方与境外实际卖方，双方存在特殊关系且已影响成交价格。根据《审价办法》的相关规定，海关与企业进行价格磋商后，采用合理方法对该票铁矿砂进行了估价，共补征税款 M 万元。

买卖双方特殊关系的认定

经海关了解并核实，该批货物是境内代理公司代理境内实际买方进口，实际卖方是巴西公司。由于境内实际买方不具备进出口经营权，因此委托境内代理公司负责对外开立远期信用证、办理报关、进出口许可证及对外付汇。又因为境外实际卖方不接受远期信用证，因此境内代理公司通过代理公司香港关联方向境外实际卖方开立即期信用证。因此，该票货物的买卖双方应为境内实际买方与境外实际卖方。

从企业提交的单证上看，境内实际买方与境内代理公司、境内代理公司香港关联方、境外实际卖方都无直接关系。但通过后期调研发现，境内实际买方是一个包括原料、烧结、炼铁、炼钢、轧钢在内的钢铁生产企业，与境外实际卖方有着长期合作，除了长期向后者购入原材料外，这两家企业在我国境内还共同投资了一家球团矿厂。根据《审价办法》第十六条第一款第（五）项的规定，买卖双方共同直接或者间接地控制第三方，海关应当认定买卖双方存在特殊关系。因此，海关初步认定境内实际买方与境外实际卖方存在特殊关系。

进口铁矿砂贸易流程图（特殊关系）

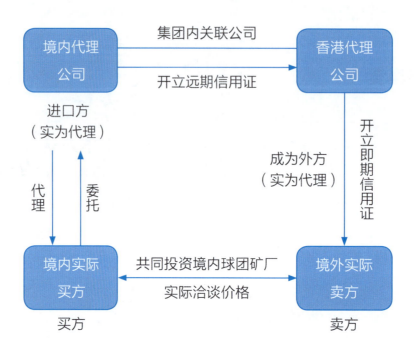

从境内代理公司提交的情况说明看来，境内代理公司代理境内实际买方进口铁矿砂，具体负责对外开立远期信用证、办理报关、进出口许可证及对外付汇等事宜，收取代理费用。由于供货商境外实际卖方不接受远期信用证，境内代理公司出于自身融资考虑，通过境内代理公司香港关联方向境外实际卖方开立30天即期信用证，同时境内代理公司再向境内代理公司香港关联方开立90天远期信用证并支付相应融资利息，不另付代理费用。从双方的交易过程来看，境内代理公司和境内代理公司香港关联方分别收取代理费用和融资利息，即使境内实际买方与境外实际卖方存在特殊关系，在本次贸易中似乎也并未发生直接关系，未对其成交价格造成影响。

但是，经调阅贸易合同，海关发现，无论是境外实际卖方与境内代理公司香港关联方的贸易合同，还是境内代理公司香港关联方与境内代理公司的贸易合同，都是一口价合同，这与一般铁矿砂合同的公式定价方式存在较大的差异。因此，在本次交易中，进口商承担较高风险的一口价定价方式引起了海关的怀疑和关注。

经深入了解，境内代理公司仅代理境内实际买方办理铁矿许可证件、办理报关、开信用证融资，不参与与境外实际卖方的询盘定价。实际上，该批货物的价格仍由境内实际买方与境外实际卖方制定。企业提供的资料表明，该合同定价模式为普氏价格指数，其中双方规定普氏价格指数为提单日后第 15 天的指数；另合同约定普氏价格指数存在差价，双方协商差价为 W 美元，实则是境外实际卖方给予的折扣。

二、成交惯例

（一）定价公式的形式基本符合公式定价要求

根据《审价办法》及海关相关监管规定，公式定价必须符合：

1. 在货物运抵中华人民共和国关境前，买卖双方已书面约定定价公式；

2. 结算价格取决于买卖双方均无法控制的客观条件和因素；

…………

该定价公式中唯一的变量是提单日后 15 天的普氏价格指数，其定价标准不是取决于买卖双方的主观因素，基本符合公式定价要求，且约定以提单日后 15 天的普氏价格指数作为变量，在一定程度上能消除行情短期剧烈波动对价格的影响，分摊买卖双方的风险，故其定价公式的形式基本是客观且符合贸易惯例的。

（二）公式中的差价基本合理

由于该合同约定定价是 A，而普氏价格指数定价是 B，差价主要取决于买卖双方的贸易谈判结果，海关不能简单据此认定此定价方式不符合贸易惯例。因此，海关参考提单日后 15 天同期中华商务网提供的国际市场行情（CIF B 美元 / 吨，巴西产铁矿砂），基本与公式得出的价格相当，因此认为差价基本合理。

（三）折扣体现其成交价格受到特殊关系影响

折扣是国际贸易中常见的一种价格优惠条款。通常是买卖双方达成一定的协议或条件才获得的价格减让，如现金折扣、数量折扣等。而该公式中的折扣，据企业解释是由于双方长期合作所给予的。

三、估价思路

（一）通过深入审核，挖掘贸易单证背后隐藏的实际贸易情况，是本案成功的关键

随着我国加入世界贸易组织，境内外企业经贸合作形式更加复杂多样。但国际贸易中各方在交易中扮演的角色、买卖双方是否存在特殊贸易安排、定价政策是否符合行业定价惯例、特殊关系是否影响成交价格等情况通常比较隐秘，往往从表面难以发现，而这些因素正是海关能否准确估价的前提和基础。本案中，关键是通过对贸易实际的审核，确定该票货物交易中各方扮演的实际角

色，进而确定真正的买卖双方，这是确立海关估价权的前提和基础。经办关员正是沿着这一思路，在对表面上境内代理公司与境内代理公司香港关联方特殊关系提出质疑的基础上，深入挖掘，找寻出境内实际买方与境外实际卖方这一对真正的买卖双方，并在此基础上发现了特殊关系，形成了清晰、明确的事实证据链条，使本案成功估价成为可能。

（二）掌握商品贸易惯例，对出现的新交易模式树立风险意识是本案成功的切入点

熟练掌握商品贸易惯例在海关估价工作中发挥着极其重要的作用。以铁矿砂为例，这一典型的公式定价商品，在 2008 年金融危机后，其国际贸易定价体系由传统单一的年度协议定价模式逐渐向以金融衍生工具定价的方式转变，呈现出目前长协、季度、指数、招标及现货等定价方式并存的状态。本案中经办关员正是通过对一口价成交铁矿砂的重点审核，发现合同条款没有像现货合同一样规定有对装卸品质变化的价格调整，从而引发怀疑，最终查出代理背后隐藏的实际贸易事实，确定估价依据。

（三）尊重贸易实际，灵活运用估价方法是本案成功的重要保障

本案实施估价时，考虑到签约时间不同、其他口岸的海运费用包含在完税价格中等因素，并没有简单地以同期其他口岸其他企业的进口价格作为估价依据，而是参考了原定价模式和提单日后 15 天普氏能源资讯公布的 62% 的普氏价格指数。该意见既尊重国际贸易公式定价的方式及本案贸易的定价基础，也兼顾了客观公平统一的原则，确保了海关估价结论最大限度地接近贸易实际，也因此得到了企业的理解与认可。

四、估价方法

根据《审价办法》第十七条规定

买卖双方之间存在特殊关系，但是纳税义务人能证明其成交价格与同时或者大约同时发生的下列任何一款价格相近的，应当视为特殊关系未对进口货物的成交价格产生影响：

（一）向境内无特殊关系的买方出售的相同或者类似进口货物的成交价格；

……………

海关要求企业提供境外实际卖方与境内无特殊关系企业的贸易合同或用客观可量化的数据资料来解释公式中的折扣是否客观合理、是否符合行业惯例，境内代理公司和境内实际买方均无法提供相关的测试价格和数据资料。据此，海关认定买卖双方的特殊关系影响了货物的成交价格。

根据《审价办法》第四十五条规定

纳税义务人或者其代理人提供有关资料、证据后，海关经审核其提供的资料、证据，仍然有理由认为买卖双方之间的特殊关系影响成交价格的，海关应对其进行估价。为此，海关决定对该票铁矿砂估价，企业对海关估价的理由和依据也予以认可。

采用合理方法进行估价，成功磋商征补税款

海关实施估价时，双方未能取得完全满足《审价办法》规定的相同、类似货物的成交价格信息，也无法采用倒扣、计算价格估价方法。结合国际贸易铁矿的行业定价惯例，并与境内实际买方进行多次磋商，最终采用了合理方法，参考原定价公式和提单日后第 15 天的普氏能源资讯公布的 62% 的普氏价格指数，但不予承认其折扣，同时将利息、保险费用等依合同约定计入完税价格，最终按 CIF Z 美元 / 吨估定完税价格，共补征税款 M 万元。

第十节
进口铅锌混合矿石公式定价估价案例解析

随着我国企业在境外投资的增多，"包山包矿"进口矿石、矿砂日趋常态化，买卖双方之间普遍存在《审价办法》第十六条描述的特殊关系。因此，买卖双方之间特殊关系是否影响成交价格、是否存在特殊贸易安排、定价公式是否符合生产过程、定价公式各项要素是否客观等，都成为海关审价必须关注的重点。

一、贸易流程

H 公司中标境外某铅锌矿采矿权 → 其采矿权 100% 被境内 J 矿业公司收购

J 公司 — J 公司经商务部批准成立全资控股子公司 → 境外 A 矿业公司

J 公司负责从 A 矿业公司进口铅锌混合矿石

在境内进行磁选、浮选、脱硫等生产出铅锌精矿后，再在境内销售。

进口货物价格形成是 A 矿业公司委托境外中介机构进行评估得出的。

二、报验状态

> 进口铅锌混合矿石价格 FCA（FREE CARRIER）货交承运人

> 指卖方将货物在指定的地点交给买方指定的承运人，并办理出口清关手续，即完成交货。

> 定价公式 =（矿石数量 × 矿石平均品位 × 伦敦金属交易所公布的铅锌金属价格 – 选矿费用 – 冶炼费用 – 从境外到境内选矿厂的运输费用）/ 进口矿石量

> 选矿费和冶炼费根据境外评估机构出具的有关参数计算

> 企业以据此公式及参数计算出的价格向境外政府缴纳出口资源税，办理出口许可证，并向中外海关进行申报

> 运费按境外市场运输价格标准。

> 用来扣减的各项费用，是境外机构参照境外相关公司矿业开发标准制定的预估费用。

> 不是实际发生的费用。

> 在 J 矿业公司财务报表中各矿石进口合同项下的选矿费、冶炼费、运输费都不同程度地低于预估的各项费用。

三、估价思路

企业进口货物定价扣减费用为境外机构出具的评估价格，主要目的是用来申领出口许可证和缴纳矿产资源税，只是作为办理出口手续的依据和标准，仅是预估参数，并不是实际发生费用。

在 J 公司财务账册上，各矿石进口合同项下的选矿费、冶炼费、运输费实际发生费用都远低于预估的各项费用，不符合贸易客观真实性。

进口货物申报价格完全由 A 矿业公司委托境外中介机构评估得出，由境内 J 矿业公司直接接受，进口企业不参与贸易谈判，无任何议价权，贸易各环节作用及利润不加考虑，违背国际贸易惯例。

买方向海关申报的定价公式参数缺乏客观可量化数据，买卖双方 J 矿业公司与 A 矿业公司构成事实上的特殊关系并影响了货物的成交价格，海关不予接受 J 矿业公司进口铅锌混合矿石的申报价格。

四、估价方法

依据《审价办法》第十六条规定，买卖双方符合特殊关系的描述，通过对其进口货物公式定价的审核，其公式参数的评估标准缺乏客观公允性。

公式定价的参数预估值与实际发生值相差很大，与国际公认的会计准则相悖。

影响了进口货物公式定价的结果即进口货物的成交价格，海关依法启动重新估价程序。

五、价格认定

经海关与企业磋商，依次排除相同货物成交价格估价法、类似货物成交价格估价法、倒扣价格估价法。

由于企业能提供合同项下的选矿费、冶炼费、运费的实际发生额，海关也能通过企业的会计账册获取相关数据进行审核，最终海关采用计算价格估价方法对该货物进行了估价。

按买卖双方合同约定的定价公式中选矿费、冶炼费、运费的实际发生额进行结算进口铅锌混合矿石 FOB 价格来确认该货物的完税价格。

铅锌混合矿石 FOB 价格 =（矿石数量 × 矿石平均品位 × 伦敦金属交易所公布的铅锌金属价格 − 选矿费用 − 冶炼费用 − 从境外到境内选矿厂的运输费用）/ 进口矿石量

六、综评

一方面，通过境外评估机构对跨境大宗商品公式定价形式和相关要素进行评估并计算价格，体现了价格公式的客观性。

另一方面，由于买卖双方的特殊关系对价格公式构成主观影响，导致成交价格失真。

运用客观、公平、统一的海关估价原则，以《审价办法》中规定的"成交价格"为基础，确定大宗商品公式定价的结算价格合法合规。

第十一节
进口寄售铁矿砂估价案例解析

一、基本背景

2022 年以来，铁矿砂国际市场行情持续低迷。

澳大利亚力拓、必和必拓以及巴西淡水河谷等世界各大矿山非但没有降低产量反而为降低成本增加产量，即使没有确定买家，仍持续不断向各大铁矿砂消费国发运，然后再在进口国寻找买家。

这种进口交易态势今后一段时间内在我国将成为常态。

二、贸易流程

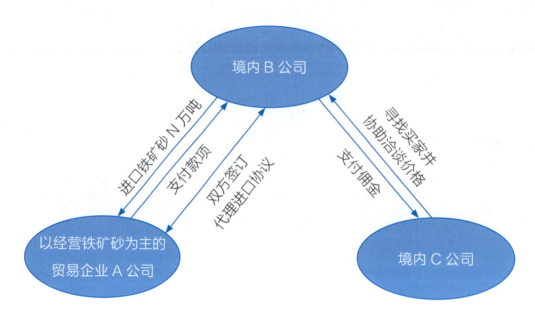

A 公司以约定暂定单价 X 美元 / 吨向海关申报。

B 公司负责联系下游销售渠道，承担相应的损益，货物抵达目的港后指定货代。

A 公司按 B 公司指令办理货物通关及代付港口费用、进口税款事宜。

B 公司委托境内 C 公司寻找买家并协助洽谈价格，成交后支付 C 公司佣金 Y 美元。

在扣除相关费用后，A 公司将申报价款和结余利润 Z 美元全部支付给 B 公司。

（图中文字）

境内 B 公司

以经营铁矿砂为主的贸易企业 A 公司

境内 C 公司

进口铁矿砂 N 万吨　支付款项　双方签订代理进口协议

寻找买家并协助洽谈价格　支付佣金

代理进口协议约定

三、报验状态

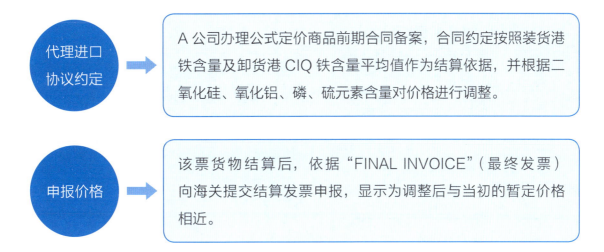

代理进口协议约定 → A公司办理公式定价商品前期合同备案，合同约定按照装货港铁含量及卸货港CIQ铁含量平均值作为结算依据，并根据二氧化硅、氧化铝、磷、硫元素含量对价格进行调整。

申报价格 → 该票货物结算后，依据"FINAL INVOICE"（最终发票）向海关提交结算发票申报，显示为调整后与当初的暂定价格相近。

四、估价思路及方法

货物进境后所有权属于B公司，申报价格为双方约定的临时价格。

货物进境后B公司授权C公司负责寻找境内买家，最终结算价格以境内销售价格为基础，扣除境内税费后剩余价格再对付款金额进行调整。

该船货物的损益由B公司承担，A公司不承担商业风险、不享受收益，按照K美元/吨收取固定金额的代理费。

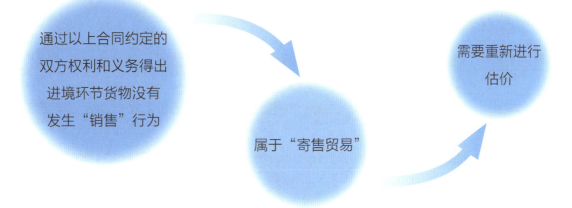

通过以上合同约定的双方权利和义务得出进境环节货物没有发生"销售"行为

属于"寄售贸易"

需要重新进行估价

由于该船货物属于寄售贸易，企业提交的申报价格以及提交的结算价格均不构成成交价格要义。

依据《审价办法》第三十三条"易货贸易、寄售、捐赠、赠送等不存在成交价格的进口货物，海关与纳税义务人进行价格磋商后，按照本办法第六条列明的方法审查确定完税价格"的相关规定。

海关与企业开展价格磋商。

进口商品属于公式定价的大宗商品，原产矿山、品质含量、作价期限等方面存在差异，海关与企业都没有同时或大约同时的相同、类似货物价格资料，因此，无法使用相同货物估价方法和类似货物估价方法。

该船货物属于寄售进口，企业虽然能提供在境内的销售价格，但无法提供同等级货物在境内销售的通常利润和一般费用，海关也无法掌握此类资料，因此，无法适用倒扣价格估价方法。

由于企业不能提供境外生产、交易、运保等相关数据资料，海关也无法境外取证，因此，排除使用计算价格估价方法。

经与企业磋商，海关以该票货物境内销售价格为基础，扣除具体境内相关费用后，使用合理估价方法确定该批货物的完税价格：
完税价格＝销售价格－港杂费－代理收益－代理佣金

五、综评

```
案例点评
```

铁矿砂以寄售贸易方式进口，企业申报为"一般贸易"方式，会混淆"暂定价格"与"成交价格"的实质区别。

"暂定价格"不是"成交价格"，进口环节不存在"销售"行为，只有在所有权、支配权和风险转移后才构成"销售"要义，以销售价格为基础审核成交价格。

寄售贸易作为委托、代理、代售的一种经营方式，会产生佣金、代理收益、利润等款项，这些款项都是海关依法使用估价方法最终确定完税价格的关键要素。

第十二节
进口镍矿石公式定价估价案例解析

镍矿石跨境交易属大宗商品交易，交易数量大、周期长、变数多，合同履行过程中随时可能产生各种变数。由于卖方供货原因，货物实际装船期比照合同约定一再推迟，买卖双方往往会达成合同以外的补偿、折扣、限定销售等条款，从而导致定价要素产生实质性变化。

一、贸易流程

镍矿石的定价方法在整个贸易过程中处于首要地位，是买卖双方定价权的直接体现。

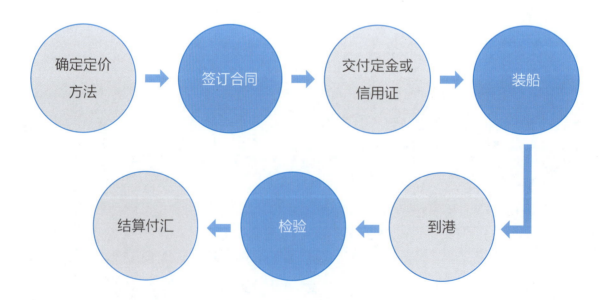

二、报验状态

通常根据伦敦金属交易所 LME 加系数计价法

红土镍矿石 FOB 定价公式

镍矿石 FOB 价 =LME 月均价 ×（1− 含水量）× 镍矿石品位 × 作价系数

其中，LME 月均价是指买卖双方商定的一段时间内的伦敦金属交易所金属镍的平均价格；镍矿石品位由买卖双方商定，一般以到港检测结果为基础进行量化；作价系数根据金属镍含量而定，通常惯例金属镍含量大于 2% 的镍矿石作价系数在 0.18～0.21 之间。

三、估价思路

对于该批镍矿石定价公式，确定货物作价时间是估价的关键。

提单签发日期也就是补充合同作价时间前后 5 个工作日，LME 金属镍收盘现金结算价格为 L 美元 / 吨。

远高于原合同约定的作价时间 LME 金属镍收盘现金结算价格 N 美元 / 吨。

合同价格受到了与本次交易无关因素的影响，海关对合同约定的定价方法不予接受。

其实质是买卖双方签订了另一份合同，但这份合同受到原合同的影响，点价日期还按原合同装船日期结算，原合同失效后，无论是补充合同签约日期还是装船日期都与原合同日期无关，却沿用这一日期作为点价时间，违背贸易常规，这样约定应视为卖方对于之前合同违约行为的一种补偿。

由于卖方原因导致合同无法按期执行，事实合同已经过期，合同议定的价格条款也因此失效，双方签订的补充合同生效。

由于卖方原因未能按时提供货物，导致装船延期，补充合同约定，由于卖方原因导致装船延误，而国际镍矿石价格出现了一定幅度的上涨，卖方同意对货物予以一定的补偿，同意买方以原合同作价时间 LME 镍金属收盘现金结算价格 N 美元 / 吨。

四、估价方法

《审价办法》
第七条规定

进口货物的成交价格，是指卖方向中华人民共和国境内销售该货物时买方为进口该货物向卖方实付、应付的，并且按照本章第三节的规定调整后的价款总额，包括直接支付的价款和间接支付的价款。

买卖双方在确定补充合同的价格时，实际上已经将卖方需要额外承担的、由于原合同违约所导致的价格补偿部分考虑进去了。

这部分价格补偿，属于与本次交易无关因素，是对买方利益的一种补偿，构成了间接支付。

故补充合同约定的价格不符合《审价办法》中有关成交价格的定义，海关不予接受。

五、价格认定

经海关与企业磋商，依次排除相同货物成交价格估价法、类似货物成交价格估价法、倒扣价格估价法、计算价格估价法。

最终海关以合理估价方法对该货物进行了估价。

参考合同定价公式，按提单日期前后 5 个工作日共 10 天的 LME 金属镍收盘现金结算平均价格计算、装卸港的检测结果等要素确定该批镍矿石完税价格。

镍矿石 FOB 价 =LME 月均价 ×（1- 含水量）× 镍矿石品位 × 作价系数

六、综评

目前镍矿石贸易方式主要是公式定价，其交易周期长、价格波动大、作价方式多样，其间还要结合金属镍国际行情、第三方检测结果等要素，从签约日、作价日、现货价、期货价、运费行情等因素来分析定价公式的合理性，从贸易流程各节点判断贸易的客观完整性。

第十三节
进口铜矿石公式定价估价案例解析

一、申报要素

根据《中华人民共和国海关进出口商品规范申报目录及释义》要求，进口企业在填报进出口货物报关单时需规范填报以下要素：

（一）品名；

（二）加工方法（破碎、磨碎、磁选、重力分离、浮选、筛选等）；

（三）成分含量；

（四）含水率；

（五）来源（原产地及矿区名称）；

（六）签约日期；

（七）定价方式（公式定价、现货价等）；

（八）需要二次结算、无须二次结算；

（九）计价日期；

（十）有无滞期费（无滞期费、滞期费未确定、滞期费已申报）。

二、交易流程

境内 A 公司在境外控股 B 公司，A、B 公司签订采购铜精矿及铜湿法冶炼中间产品的合同，合同约定进口铜精矿及铜湿法冶炼中间产品的价格构成为：矿权费 X 美元 / 吨、矿山建设投资分摊 Y 美元 / 吨，生产冶炼成本及人工成本 Z 美元 / 吨。同时，包括铜精矿及铜湿法冶炼中间品运往装货海港的运保费（境外市场运价）。

三、报验状态

境内 A 公司向境外 B 公司采购的铜精矿及铜湿法冶炼中间产品的价格是按照公司内部定价机制确定的交易价格，其价格仅包含生产成本及运输费用。境内 A 公司以此铜精矿及铜湿法冶炼中间产品的价格向海关申报。

四、估价思路

通常公司内部交易政策制定的内部价格包括生产成本、管理费用以及利润。A、B 公司内部交易确定的价格仅包含生产成本及运输费用，明显不符合公平交易原则。

五、估价方法

对照《审价办法》第十六条第一款第（三）项"一方直接或者间接地受另一方控制的"规定，A、B 公司买卖双方存在特殊关系，并违背了《审价办法》第十七条和第十八条的规定，影响了成交价格。

铜精矿及铜湿法冶炼中间品主要含有铜和镍两种有价值的有色金属。铜与镍均分别计价，每个时期矿物的价格不同，采用计价的标准也不同。行业内对铜精矿和铜湿法冶炼中间品计价时，多采用签约当月伦敦金属交易所和英国金属导报公布的铜价和金属镍价格的平均价格来折算。

六、价格认定

《审价办法》第六条规定

进口货物的成交价格不符合本章第二节规定的，或者成交价格不能确定的，海关经了解有关情况，并且与纳税义务人进行价格磋商后，依次以下列方法审查确定该货物的完税价格：

（一）相同货物成交价格估价方法；

（二）类似货物成交价格估价方法；

（三）倒扣价格估价方法；

（四）计算价格估价方法；

（五）合理方法。

纳税义务人向海关提供有关资料后，可以提出申请，颠倒前款第三项和第四项的适用次序。

由于铜精矿的特殊性，其价格同时受国际市场行情、金属含量影响，不同的签约日期，铜含量、镍含量价格差异明显，因此，排除使用相同货物成交价格估价法、类似货物成交价格估价法。由于 A 公司进口铜精矿及铜湿法冶炼中间品主要用于自身生产，进口后未直接在境内销售，不存在第一销售环节的价格，因此排除使用倒扣价格估价法。由于 A 公司不能提供境外生产的有关数据，因此也无法使用计算价格估价法。经海关与企业磋商，采用合理方法对该进口商品进行估价。

进口铜精矿及铜湿法冶炼中间品按铜和镍价格来折算，具体计算公式为：

折算单价＝当月现货铜价 × 折扣系数 × 铜含量＋当月现货镍价 × 折扣系数 × 镍含量

参考其他公司的定价合同，签约档期铜折扣系数为75%、镍折扣系数为50%较为合理。

七、综评

在国际贸易中，铜精矿价格计算，首先是要计算出铜精矿计价系数，每个时期铜精矿的价格不同，采用不同的计价系数。需了解铜精矿及铜湿法冶炼中间品的商品知识、国际行情，掌握国际通行的定价机制，以合理的方法确立价格参照体系。

第十四节
进口电解铜基差点价估价案例解析

一、基本情况

境内 A 公司与境外 B 公司签订"电解铜采购供货协议"，B 公司是 A 公司的关联企业，同为境内 C 集团旗下子公司。

B 公司在境外购买废矿堆及浮选尾矿，用于提取金属铜。其生产流程为，铜矿物预先通过氧化或硫酸焙烧，转变成可溶状态，然后再进行浸出、净化、电积，以提取电解铜。

采用湿法冶金

焙烧 → 浸出 → 净化 → 电积

二、报验状态

定价结算日期与公式定价约定日期不符，结算品质低于检验检疫检测结果，境外运输及相关费用低于市场价格。

三、估价方法

依据《审价办法》第十六条规定，买卖双方符合特殊关系的描述，通过对其进口货物公式定价的审核，发现公式品质参数与卸货港检验检疫检测结果不符，缺乏客观公允性；公式定价结算日期与船舶就绪备妥通知书日期不符，与国际公式定价的客观性相悖；影响了进口货物公式定价的结果，即进口货物的成交价格。海关依法启动重新估价程序。

四、价格认定

经海关与企业磋商，依次排除相同货物成交价格估价法、类似货物成交价格估价法、倒扣价格估价法。海关也能通过企业的会计账册获取相关数据进行审核。最终海关采用计算价格估价法对该货物进行了估价。按买卖双方合同约定的定价公式，电解铜品质按卸货港检验检疫检测结果确定，金属铜价格按船舶就绪备妥通知书签收前后 5 个工作日的平均价格进行结算，境外发生的运输及相关费用按国际运输市场行情来确认，该货物的完税价格的计算公式如下：

第十五节
进口烟煤及拖船费估价案例解析

一、基本情况

进口商向海关申报烟煤的成交价格为 X 美元 / 吨，明显低于海关掌握的价格行情。

装载该批烟煤的运输工具为 M 号运输船舶，该船舶在途经 Y 国海域时发生搁浅。

船舶 3 舱部位出现断裂，3 舱至驾驶台部分安全浮于水面，3 舱至船尾部分沉入水中。

经抢险，沉入水中的船尾段被打捞起来并拖往我国境内。

二、交易流程

经测算，该船尾段重量 X 吨，载煤重 Y 吨

船东向保险公司提出索赔，但保险公司要求船、货一起出售。

经拆船厂与保险公司协商，拆船厂所在 A 集团与保险公司签订废钢船买卖合同和烟煤买卖合同。

A 集团以 S 美元 / 吨的价格将烟煤在我国境内 M 港口成交。

船尾段连同所载烟煤被拖轮拖至我国境内 M 港口。

三、估价思路

A 集团能以较低价格购得烟煤，主要原因是该批烟煤为与废钢船一起销售的搭售货物。

根据《审价办法》第十条规定

有下列情形之一的，应当视为进口货物的价格受到了使该货物成交价格无法确定的条件或者因素的影响：

（一）进口货物的价格是以买方向卖方购买一定数量的其他货物为条件而确定的；

（二）进口货物的价格是以买方向卖方销售其他货物为条件而确定的；

（三）其他经海关审查，认定货物的价格受到使该货物成交价格无法确定的条件或者因素影响的。

烟煤的申报价格受到不确定因素的影响。

四、价格认定

因为烟煤申报价格受到无法确定因素的影响，依次使用相同货物成交价格估价法、类似货物成交价格估价法、倒扣价格估价法、计算价格估价法、合理方法估价法，重新估定进口烟煤完税价格。

最终使用合理方法估价法，以客观量化数据重新确定完税价格。

需要注意的是，废钢船和所载烟煤的拖船费，应予以考虑。

五、估价结论

由于拖船费包含废钢船与所载烟煤两部分

根据同期运输行业的平均水平，确定所载烟煤的运输成本，在烟煤成交价格基础上加征这部分运费。

剩余的拖船费为废钢船本身的拖船费，计入废钢船的完税价格中。